Carolyne Larrington

Fit für Walhalla

128

Carolyne Larrington

Fit für Walhalla

Nordische Mythen für Einsteiger

Aus dem Englischen von Jörg Fündling

Für JJ, JQ, LA und HO'D

S. 1 und Inhalt: Berserkerkrieger aus den Lewis-Schachfiguren
Frontispiz: Der Wolf Fenrir verschlingt Óðinn.
Detail des wikingerzeitlichen Thorwald-Kreuzes von der Insel Man.

Die englische Originalausgabe ist 2017 bei Thames & Hudson Ltd.
unter dem Titel *The Norse Myths. A Guide to the Gods and Heroes*
erschienen.
Published by arrangement with Thames & Hudson Ltd., London

Die Deutsche Nationalbibliothek verzeichnet diese Publikation in
der Deutschen Nationalbibliographie; detaillierte bibliographische
Daten sind im Internet über www.dnb.de abrufbar.

wbg Paperback ist ein Imprint der wbg.

Neuausgabe der 2018 bei wbg Theiss erschienenen Ausgabe
Die Herausgabe des Werkes wurde durch die
Vereinsmitglieder der wbg ermöglicht.
Lektorat: Melanie Kattanek, Gunzenhausen
Gestaltung und Satz: Anja Harms, Oberursel
Einbandabbildung: Thors Kampf mit den Riesen.
Gemälde von Eskil Marten Winge (1825–1896).
© Fine Art Images/Heritage Images/Alamy Stock Foto
Einbandgestaltung: Andreas Heilmann, Hamburg

Gedruckt auf säurefreiem und alterungsbeständigem Papier
Printed in Germany

Besuchen Sie uns im Internet: **www.wbg-wissenverbindet.de**

ISBN 978-3-534-27617-2

Elektronisch sind folgende Ausgaben erhältlich:
eBook (PDF): 978-3-534-74734-4
eBook (epub): 978-3-534-74735-1

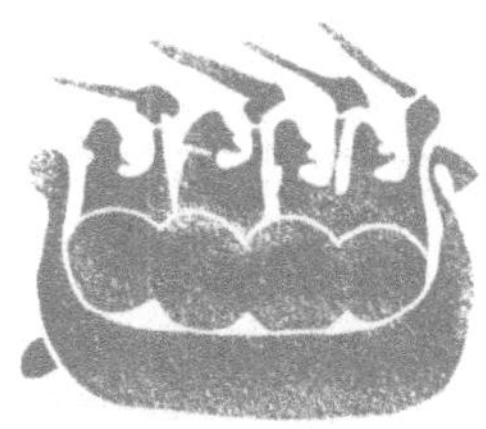

Inhalt

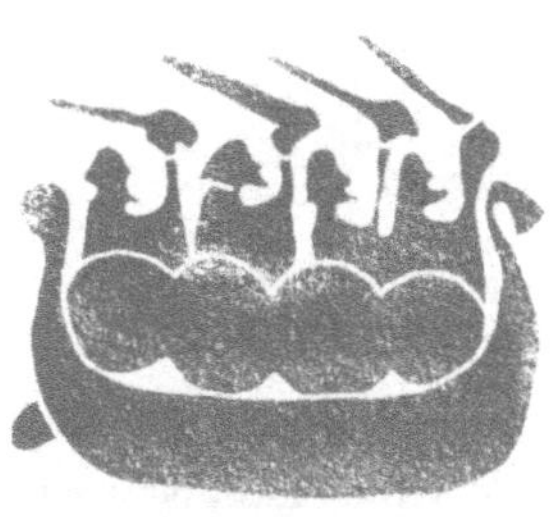

Vorbemerkung zu den Namen und ihrer Aussprache

Die altnordischen Namen erscheinen hier in ihrer ursprünglichen Form. Daher enthalten sie zwei ungewöhnliche Buchstaben, die im modernen Isländischen und Färöischen nach wie vor gebräuchlich sind (und uns aus der phonetischen Umschrift in Englischlehrbüchern bekannt vorkommen): Eth (ð / Ð) und Thorn (þ / Þ). Der erste Buchstabe wird wie das ‚weiche' th im englischen „the" gesprochen, so im Namen des Götterkönigs Óðinn (Odin). Der zweite klingt wie das ‚harte' th in „thorn" und erscheint im Namen Þórr (Thor, der also nicht wie deutsch „Tor" gesprochen wird).

In der Fachwissenschaft spricht man altnordische Wörter üblicherweise so aus, als wären sie heutiges Isländisch. Betont wird die erste Silbe. Die Konsonanten klingen überwiegend ähnlich wie im Deutschen, also wird g immer ‚hart' ausgesprochen und j wie in „ja". Jedoch ist v nie ein harter f-Laut wie in „vorn", sondern ein – oft etwas stimmhafter als gewohnt ausgesprochenes – w (so, als wollte man das Wort „Wetter" extra betonen). Am Wortanfang klingt f wie im Deutschen, im Wortinneren dagegen wie v. In vielen Wörtern stoßen zwei Konsonanten direkt aufeinander, zwischen denen im Deutschen ein Vokal stehen müsste; hier helfen sich die meisten Sprecher durch Einfügen eines kaum hörbaren ‚stummen' e (in Lautschrift ə ; vergleichbar dem e in „lachen"): Gerðr = „Ger- ðər". Ungewohnt ist der durch ll ausgedrückte Laut – ll zeigt nicht etwa an, dass ein kurzer Vokal vorausgeht, wie im Deutschen, sondern steht für einen hinter den Zähnen gebildeten Laut, der ähnlich klingt wie ein dunkel gesprochenes dl oder tl: Valhöll = „Wal-hötl“ (für Phonetikfreunde: ein lateraler alveolarer Frikativ …).

Auch die meisten kurzen Vokale ähneln den deutschen, wobei y derselbe i-Laut ist wie i (also kein deutsches ü, d. h.: Gylfi = „Gil-vi“). Ein altnordisches u dagegen wird wie ein (kurzes) deutsches ü gesprochen; nur das ú mit Längungszeichen entspricht unserem (langen) u. i ist kurz wie in „mich“, í lang wie in „mir“. Lange Vokale sind auch sonst durch einen Akut markiert, zum Teil haben sie aber eine spezielle Aussprache: á klingt wie au in „Haus“, ó wie o in englisch „rose“, é wie ein (kurzes) je in „jetzt“. So bezeichnet man die Göttinnen kollektiv als die Ásynjur: „Au-sin-jür“.

Die Diphthonge weichen in der Aussprache etwas von dem uns Gewohnten ab: ei oder ey ist niemals der deutsche ai-Laut wie in „Eier“, sondern klingt wie im englischen „day“ (das ‚ostpreußische‘ ej: Freyr = „Frej- r“), au ähnelt dem deutschen eu in „Reue“ (genauer: wie niederländisches ui in „huis“, also ungefähr „öü“). æ spricht sich wie das deutsche ei / ai, die wichtigste ‚Götterfamilie‘, die der Æsir („Asen“), lautet damit also „Ai-sir“. ö und ø sprechen sich beide wie das deutsche ö: Jötunheimar (das Land der Riesen) = „Jö-tünn-hej-mar“.

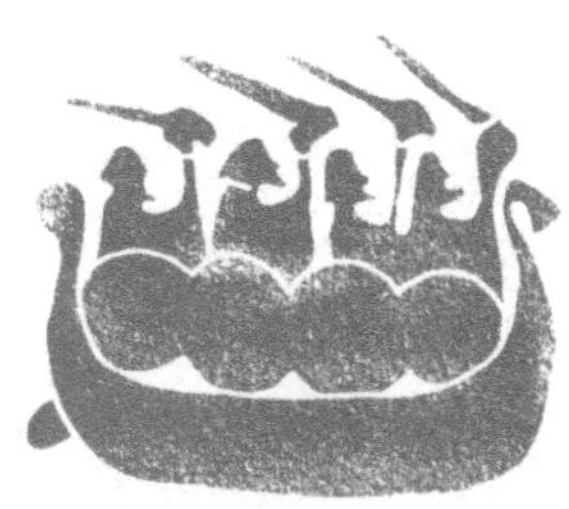

Danksagung

Ich danke Tim Bourns an dieser Stelle für viele nützliche Vorschläge und seine Arbeit am Register. Die vier Personen, denen das Buch gewidmet ist, haben viele nordische Abenteuer in vielen Landen angestiftet und gemeinsam mit mir bestanden: *til góðs vinar liggja gagnvegir, þótt hann sé firr farinn.*[1]

[1] Aus dem *Hávámál* (35,3–4): „Breit und gerade ist der Weg zu einem Freund, mag er auch weit weg reisen."

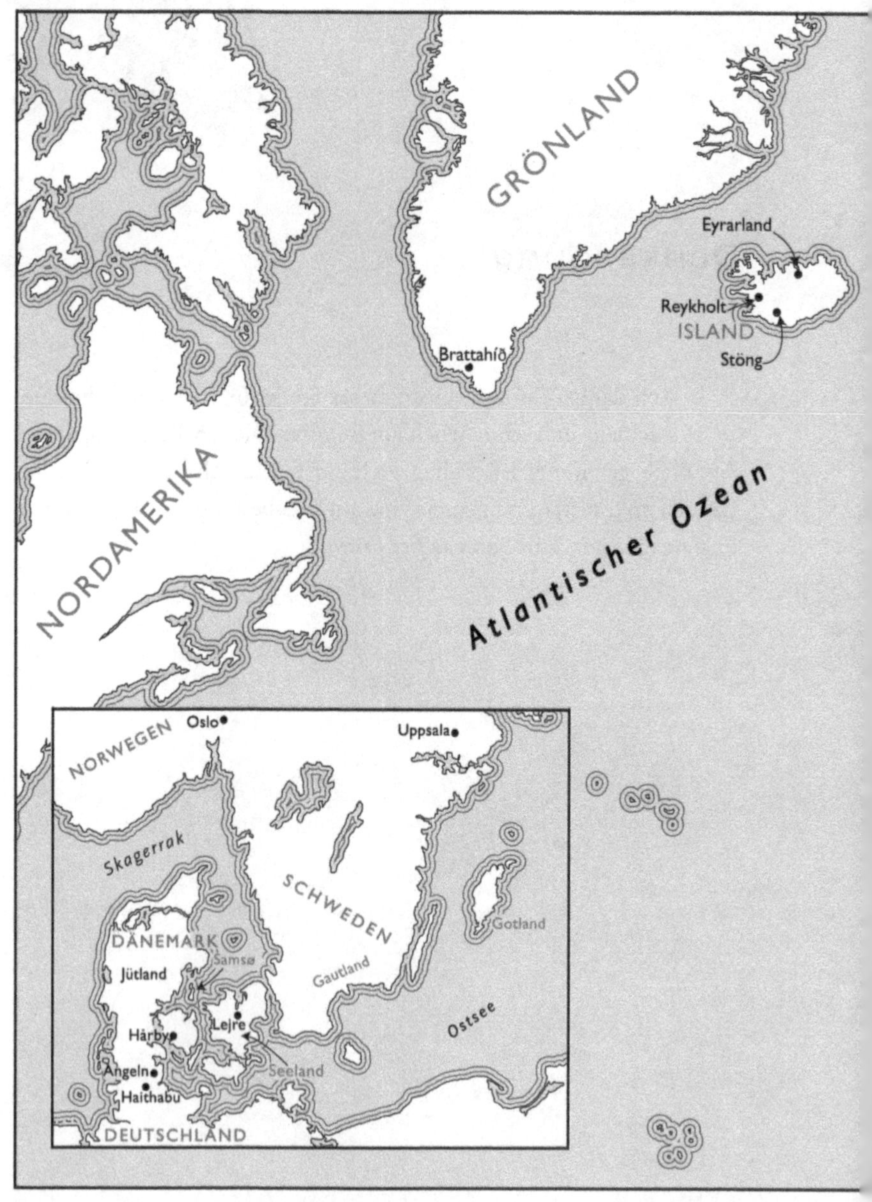

Nordisch sprechende Menschen besiedelten so weit auseinanderliegende Regionen wie die Britischen Inseln, die Normandie, Island, Grönland und

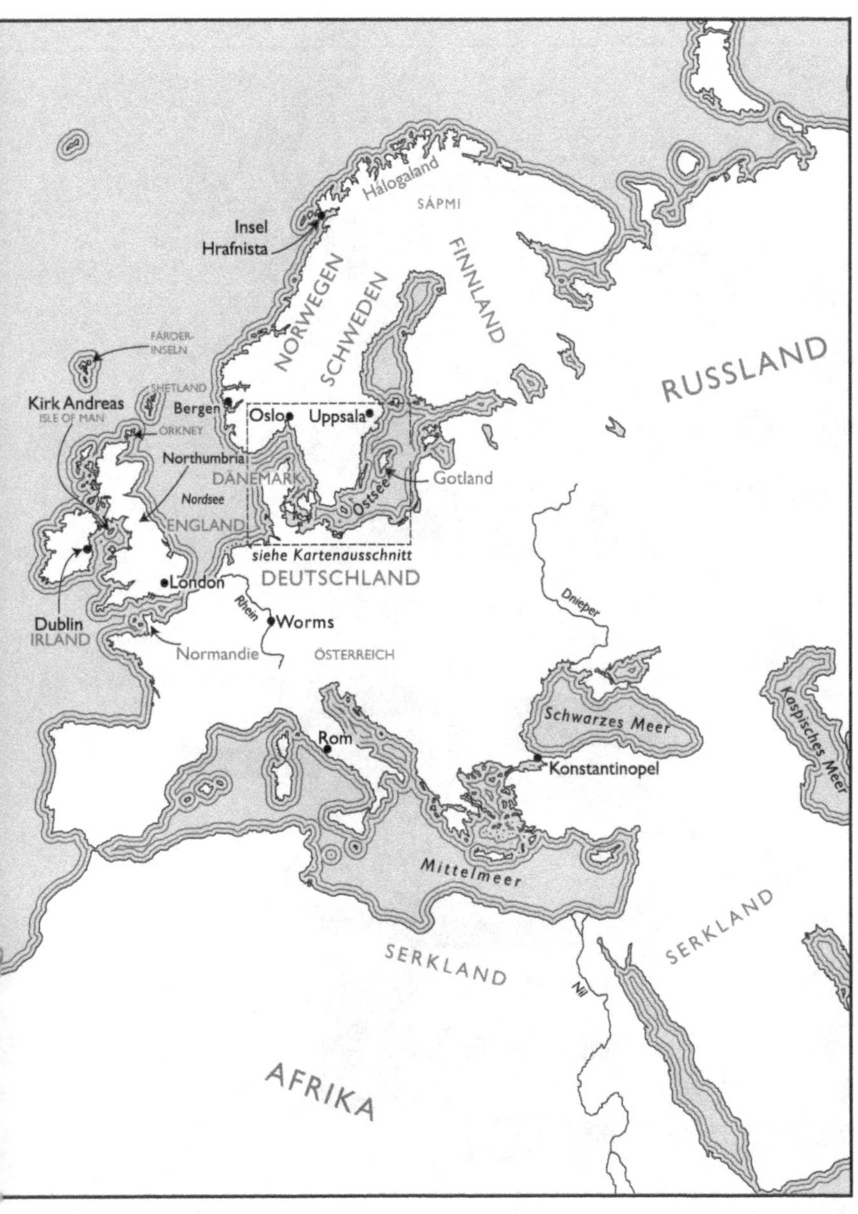

Nordamerika; sie ließen sich in Russland nieder und stellten in Konstantinopel die Warägergarde des Kaisers.

Das Weltbild der altnordischen Mythologie.

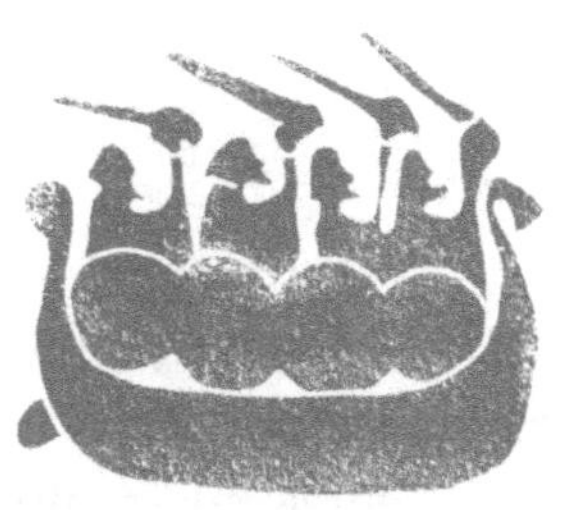

Einleitung: Quellen und Überreste

Wer waren die nordischen Götter? Auswanderer aus dem Nahen Osten, die durch das, was heute Deutschland ist, nach Norden zogen, um das ihnen verheißene Zuhause in Skandinavien zu finden; Menschen wie Sie und ich, nur schlauer, hübscher, zivilisierter. So zumindest wollte es ein christlicher Autor, ein Isländer des Mittelalters, der viele jener bis heute bekannten Mythen und Legenden des skandinavischen Nordens aufgezeichnet hat. Die christlichen Gelehrten des Mittelalters brauchten eine Erklärung dafür, wieso ihre Ahnen falsche Götter angebetet hatten; eine weit verbreitete Theorie lautete, bei den vorchristlichen Gottheiten handle es sich um Dämonen, böse Geister, vom Satan ausgesandt, um die Menschen zur Sünde und zum Irrtum zu verführen.

Snorri Sturluson und die cleveren Migranten aus Asien

Doch eine andere, weitverbreitete Theorie war die, welche Snorri Sturluson in dem nachfolgenden Zitat vorträgt: Die sogenannten Götter seien tatsächlich herausragende Menschen gewesen, in diesem Fall Einwanderer aus Troja – ein Konzept, das als Euhemerismus bekannt ist.

> Óðinn [Odin] war ein Mann, der durch seine Weisheit und seine vielen Begabungen hervortrat. Seine Frau hieß Frigida und wir nennen sie Frigg. Óðinn war prophetisch begabt, wie auch seine Frau, und so entdeckte er, dass er im Norden der Welt einmal äußerst berühmt werde und höhere Ehren als alle Könige genießen werde. Deswegen brannte er darauf, aus der Türkei wegzuziehen, und brachte eine große Menge Volks mit, Jung und Alt, Männer und Frauen, und mit sich nahmen sie viele kostbare Güter. Doch wohin sie auf dem Kontinent auch kamen: so viel Herrliches sagte man über sie, dass sie eher wie Götter als wie Menschen erschienen.
> *Snorri Sturluson, Prolog zur Prosa-Edda (um 1230)*

Für Snorri Sturluson, den isländischen Gelehrten, Politiker, Dichter und Häuptling des 13. Jahrhunderts, der uns das umfangreichste und systematische Werk über die nordische Götterwelt hinterlassen hat, war der Gedanke bestechend, dass die nordischen Götter – man nannte sie die Æsir – Menschen gewesen sein mussten. Als Nachkommen

Snorri Sturluson, der isländische Gelehrte

Snorri Sturluson (1179–1241) gehörte zu einer bedeutenden isländischen Familie und wurde tief in die politischen Turbulenzen in Island und Norwegen hineingezogen. Er verfasste eine als *Prosa-Edda* bekannte Abhandlung zur Dichtkunst, die aus vier Teilen besteht: einem Langgedicht namens *Háttatal* („Liste der Versmaße"), das verschiedene Vers- und Strophenformen vorführt, zweitens der *Skáldskaparmál* („Die Sprache der Dichtung"), aus einer Erklärung der als Kennings bekannten Metaphern (dazu S. 19), einem Prolog und schließlich aus einem als *Gylfaginning* („Gylfis Täuschung") bekannten Teil. Snorri wurde von Handlangern des norwegischen Königs in einem Keller seines Heimathofs Reykjaholt auf Island ermordet; seine letzten Worte waren: „Nicht schlagen!"

Die Statue von Snorri Sturluson, des isländischen Gelehrten, Politikers und Dichters aus dem 13. Jahrhundert, in seiner Heimat, dem isländischen Ort Reykjaholt.

der Verlierer des Trojanischen Krieges entschieden sie sich, nach Norden zu wandern, und brachten den Eingeborenen des Germanengebiets und Skandinaviens ihre überlegene Technik und Weisheit. Die Kultur der Neuankömmlinge verdrängte die der Alteingesessenen; diese übernahmen die Sprache der Zugereisten und spätere Generationen begannen, die erste Einwanderergeneration als Götter zu verehren.

Um in seiner *Edda* zu erklären, wie die traditionelle nordische Dichtung funktionierte, brauchte Snorri eine ganze Menge mythologisches Hintergrundwissen, also schuf er einen erzählerischen Rahmen, der klarstellte, dass zwar *heutzutage* niemand die heidnischen Götter anbeten konnte – schließlich waren sie bloß ein gerissener Stamm nahöstlicher Migranten –, dass aber die Geschichten, die sich um sie rankten, so tiefsinnig wie unterhaltsam waren. Deshalb stellte Snorri seiner Abhandlung über die Dichtkunst eine Sage um König Gylfi von Schweden voran, der gleich zweimal betört wurde: zuerst von der Göttin Gefjun, wie in Kapitel 1 nachzulesen ist, und dann noch einmal, als Gylfi zu spät begriff, dass er betrogen war, und nach Ásgarðr aufbrach, wo, wie er wusste, die Æsir lebten. Gylfi hatte die Absicht, mehr über diese Betrüger herauszufinden; er erhielt Zutritt zur Königshalle und traf dort drei Gestalten namens Hár, Jafnhár und Þriði („Hoch", „Ebensohoch" und „Dritter"). In einem langen Frage-und-Antwort-Spiel fand Gylfi eine ganze Menge über die Götter heraus, über die Erschaffung der Welt und der Menschen, über das Ende der Welt (*ragnarök*), wenn sich einst Götter und Riesen bekriegen würden, und schließlich darüber, wie die Welt neu geschaffen werden sollte. Und dann, nachdem sie Gylfi geraten hatten, sein neues Wissen gut anzuwenden, verschwanden Hár und seine beiden Kollegen, die mächtige Halle und die eindrucksvolle Festung alle zusammen. Gylfi kehrte heim und berichtete anderen, was er herausgefunden hatte.

Snorri schrieb noch einen zweiten wichtigen Text zu den nordischen Göttern: die *Ynglinga saga* („Saga von den Ynglingen"), den ersten Teil seiner Geschichte der Könige von Norwegen, der auch unter seinen ersten Worten als die *Heimskringla* („Erdscheibe") bekannt ist. Hier verwendete er dieselbe euhemeristische Erklärung für die Æsir

König Gylfi trifft auf Hár, Jafnhár und Þriði. Abbildung aus einer isländischen Handschrift des 18. Jahrhunderts.

wie in seiner *Edda*, fügte aber weitere Details über ihre Kräfte hinzu und stellte klar, dass sie die Ahnen der Könige Schwedens und Norwegens seien. So rationalisierend und systematisierend Snorris mythologische Schriften verfahren, sie gewähren uns einen unschätzbaren Einblick in ältere Erzählungen über die nordischen Götter und Helden. Dennoch, wenn wir Snorris Werke lesen, müssen wir uns immer vor Augen halten, dass er als mittelalterlicher Christ schreibt und Teile seines Materials entsprechend umformt. So führt er das Konzept einer vorzeitlichen Flut ein, die alle Frostriesen außer einem ertränkt, eine Erfindung vor dem Hintergrund der biblischen Flut, die Noah überlebt, und der dort erwähnten Auslöschung der Riesen. Nirgendwo sonst in der erhaltenen nordischen Überlieferung finden sich Belege für diese Geschichte. Zwar muss Snorri erheblich mehr über nordische

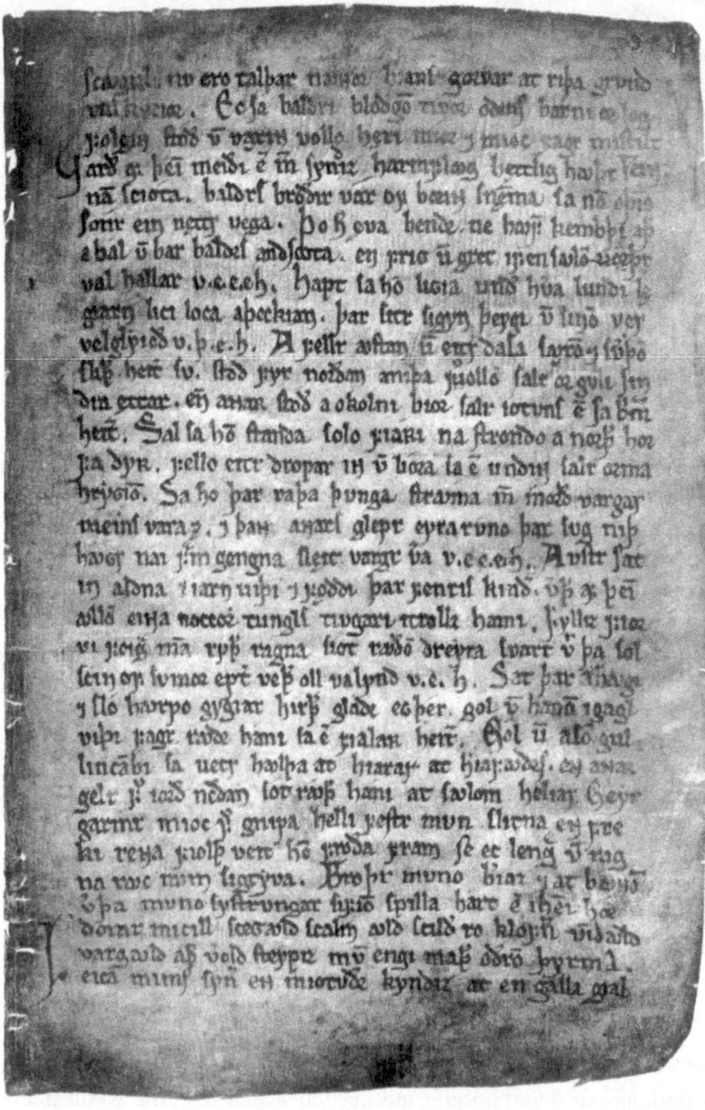

Der *Codex Regius*, eine Handschrift von ca. 1270;
hier einige Verse aus der *Völuspá* (der „Weissagung der Seherin").

Mythen gewusst haben als wir, doch manchmal gibt es auch etwas, das er nicht restlos versteht, und dann erfindet er etwas. Außerdem haben wir den Verdacht, dass Snorri mehr Geschichten kennt, als er uns wissen lässt – so vielleicht Óðinns Opfer „seiner selbst an sich selbst" an der großen Weltesche Yggdrasill (siehe Kapitel 1). Dieser Mythos vom erhängten Opfergott konkurrierte wahrscheinlich zu unangenehm mit der Erzählung von der Kreuzigung Christi, als dass ein guter Christ ihn leichten Herzens hätte berichten können.

Zwei Formen der nordischen Dichtung

Was genau das Wort „Edda" bedeutet, weiß niemand so genau; diesen Titel hat Snorris Abhandlung in einem der frühesten Manuskripte. Eine mögliche Bedeutung ist „Großmutter"; sie verweist vielleicht auf die Vorstellung, dass mythologisches Wissen alt ist und eng mit Frauen verknüpft. Im Island des 14. Jahrhunderts verwendete man das Wort so, dass es etwas wie „Dichtkunst" bedeutete. Die altnordische Dichtkunst tritt in zwei Varianten auf. Die eine Sorte ist ausgefeiltes Kunsthandwerk; man kennt sie als Skaldendichtung und sie verwendet ein rätselfreudiges Metaphernsystem, das als Kenning geläufig ist. Eine Kenning der einfachsten Form kann zum Beispiel ein zusammengesetztes Wort sein, etwa „Gedankenschmied" für „Dichter" oder „Albenstrahl" [„Elfenstrahl"] für „Sonne". Doch viele Kennings sind viel komplizierter und verrätselter; ihre Entzifferung verlangt Kenntnisse in der Mythologie. So müssen wir, wenn wir verstehen wollen, wer wohl der *farmr arma Gunnlaðar* sein mag (die „Last auf Gunnlöðs Armen"), vorab wissen, dass der Gott Óðinn einmal Grund hatte, die Riesentochter Gunnlöð zu verführen, um den Met der Dichtkunst für Götter und Menschen zu gewinnen (siehe Kapitel 3). Wenn Óðinn auf diese Art beschrieben wird statt zum Beispiel als „der gehängte Gott", erzeugt das Assoziationen zum Gott als Verführer, als einem, der Göttern und Menschen unentbehrliche Kulturschätze verschafft, und eben nicht als die Figur des Leidenden, der sich selbst an den Weltenbaum hängt, um die Kenntnis der Runen zu erlangen; ein Opfer durch

Erhängen zu bringen, ist anscheinend die Óðinn wohlgefälligste Art. Nur ganz wenige mythologische Erzählungen, insbesondere einige Abenteuer von Þórr (Thor), sind in Skaldenversen aufgezeichnet; der Hauptbezug von Mythos und Legende zu dieser Gedichtform besteht darin, dass sie den Metaphern des Kenning-Systems zugrunde liegen.

Die zweite Gattung altnordischer Dichtung nennt man eddische Dichtung. Ihre schlichtere, auf Alliterationen beruhende Form teilt sie mit der frühen Poesie der verwandten germanischen Sprachen Altenglisch und Althochdeutsch. Den Begriff „eddisch" hat man dieser Gedichtform deshalb beigelegt, weil viele der in ihr abgefassten Geschichten die Basis für Snorris mythologischen Bericht in seiner *Edda* bilden. Ein Großteil der erhaltenen Dichtung in diesem Versmaß bildet den Inhalt einer einzigen Handschrift, die offiziell als GKS 2365 4to bekannt ist; heute liegt dieser Codex im Handschrifteninstitut von Reykjavík, in der Stofnun Árna Magnússonar. 1662 schenkte ein isländischer Bischof, Brynjólfur Sveinsson, das Manuskript dem König von Dänemark, weshalb es als *Codex Regius*, als Codex des Königs, bekannt geworden ist. Geschrieben wurde der Codex zwar um 1270 in Island, doch viele Gedichte und ein Großteil der in ihnen enthaltenen Informationen waren Snorri, der um die vierzig Jahre früher schrieb, bereits bekannt. Es ist wahrscheinlich, dass es einige ältere geschriebene Sammlungen mit mythologischer Dichtung und Heldendichtung gab, auf die sich Snorri stützte. Fast alle in diesem Buch zitierten Gedichte stammen aus dieser Sammlung, allerdings gibt es außer den im *Codex Regius* enthaltenen mythologischen eddischen Gedichten noch einige andere. Dazu zählen *Baldrs Draumar* („Baldrs Träume"), die den Tod des Gottes Baldr ankündigen, das *Hyndluljóð* („Hyndlas Lied"), worin zahlreiche mythologische Details vermittelt werden, wenn eine Riesin die Ahnen eines Lieblingshelden der Göttin Freyja aufzählt, und die *Rigsþula* („Rígrs Liste"), die berichtet, wie es zur Entstehung der verschiedenen Gesellschaftsschichten kam. Andere Gedichte im eddischen Stil, die vielfach Geschichten über alte skandinavische Helden erzählen, finden sich in Prosageschichten (Sagas) über Helden der Wikingerzeit; diese kennt man als *fornaldarsögur* („Sagas der Vorväterzeit").

Rekonstruierter mittelalterlicher Bauernhof im südisländischen Stöng.

Was man sich in Island erzählte

Saxos Behauptungen, die Isländer erinnerten sich an die Überlieferung der Heldenzeit und gäben sie weiter, werden durch die Tatsache bestätigt, dass unsere beiden Hauptquellen zu den nordischen Mythen und Legenden, die *Prosa-* und die *Lieder-Edda*, auf eben dieser Insel im Nordatlantik entstanden sind. Island war im 9. Jahrhundert überwiegend von Norwegen aus besiedelt worden. Der Gründungsmythos der Isländer behauptet, sie stammten von freigeborenen Edlen ab, die sich die Tyrannei König Haraldr Schönhaars nicht gefallen lassen wollten und deshalb auswanderten. Weitere Skandinavier zogen aus den angloskandinavischen Kolonien auf den Britischen Inseln in die neue Siedlung um, und aus den keltisch bewohnten Regionen importierte man Sklaven. Auf den Langschiffen der Siedler müssen auch alte Geschichten aus der skandinavischen Heimat nach Island gelangt sein, die man sich in den kleinen rasengedeckten Bauernhäusern dann ins Gedächtnis rief und vortrug, wenn sich die Hausgemeinschaften während der langen dunklen Winternächte einigelten, und so wurde Island jahrhundertelang ein Hort des Wissens über die heidnische Vergangenheit.

Saxo – der erste dänische Historiker

Fast alle mittelalterlichen Quellen zu den altnordischen Mythen und Legenden stammen aus Island und sind auf Isländisch geschrieben. Eine wichtige Ausnahme bilden jedoch die *Gesta Danorum* („Die Taten der Dänen"), eine wuchtige Schrift, die der dänische Mönch Saxo Grammaticus, der zwischen etwa 1150 und 1220 lebte, auf Latein verfasst hat. Saxos Beiname heißt „der Gelehrte". In seinem Vorwort berichtet er uns, in der vorchristlichen Vergangenheit hätten die Dänen „die Buchstaben ihrer eigenen Sprache in Felsen und Steine eingeritzt, um jene Taten ihrer Ahnen nachzuerzählen, die in den Liedern ihrer Muttersprache verbreitet worden waren". Außerdem erwähnt Saxo, die Isländer seiner Zeit seien hervorragende Quellen für traditionelle Geschichten; er nutzt ihr Material für sein Buch. Wie Snorri beschreibt auch Saxo die Götter und Helden, deren Geschichten er erzählt, als – häufig geniale und tückische – Menschen, die in Dänemarks prähistorischer Vergangenheit gelebt hätten. Wieder einmal wird Óðinn als äußerst schlaues Menschenkind gezeichnet, „ein Mann, den man in ganz Europa weithin, wenn auch fälschlich, für einen Gott hielt". Trotz Saxos skeptischer Ausdrucksweise berichtet er allerhand Dinge, welche die andernorts überlieferten Sagen bestätigen; besonders nützlich ist er da, wo er eingehende Informationen zu einigen besonders wichtigen skandinavischen Helden gibt, beispielsweise zu Starkaðr und Ragnarr Loðbrók („Zottelhose"), deren Geschichten Kapitel 5 erzählt.

Mündliches und Schriftliches

Es ist gut möglich, dass Snorri kleine geschriebene Sammlungen mit eddischer Dichtung vor sich liegen hatte, als er seine *Prosa-Edda* verfasste. Aber man unterschätzt leicht die riesige Stoffmenge, die Menschen im Mittelalter ihrem Gedächtnis anvertrauen konnten. Zweifellos war Snorris Geist mit einer Unmenge von Gedichten, skaldischen wie eddischen, gerüstet. Aus diesen Werken und vielleicht auch aus einigen Nacherzählungen in Prosa bezog er jene Informationen, die er brauchte, um seine *Edda* zu schreiben. Tatsächlich sollte Snorris Schrift die Form vieler altnordischer Mythen für künftige Generationen festschreiben – ein unvermeidliches Ergebnis, wenn vielgestaltige, wandelbare Geschichten in Schriftform gefasst werden. Doch die „Urform“ eines Mythos gibt es nie und hat es nie gegeben; es lässt sich unmöglich entscheiden, wer die Geschichte als Erster erzählt hat. Jede einzelne Nacherzählung trägt zu unserem umfassenden Verstehen von Struktur und Gehalt des betreffenden Mythos bei. Jede Neufassung gewährt Einblick ins mythische Denken und in jene Kontexte, die den einzelnen Mythos für die Kulturen relevant machten, die ihn verwenden – sei es als ein ganzes Gedicht, als Kenning, als Anspielung oder als Bildmotiv, in Stein oder Holz geschnitzt oder auf Malereien, Textilien oder Keramik.

Wie wir in Kapitel 2 sehen werden, gibt es in den nordischen Mythen mehr als nur eine Erklärung für die Erschaffung der Welt, aber wenn man behauptet, diese oder jene davon sei die „eigentliche“ oder „ursprüngliche“ Geschichte, ist damit nichts gewonnen. Genau wie im Niltal die ägyptischen Mythen in ihren Einzelversionen von Ort zu

Reiter, Schiffe und stilisierte Bäume auf einem Wandteppich der Wikingerzeit aus dem schwedischen Överhögdal.

Ort beträchtlich voneinander abweichen, so waren auch die nordischen Mythen gemeinsames Kulturgut aller Völker mit Wikingerwurzeln, wo sie auch in der Welt des Nordens leben mochten. In diesem Raum, dem man den Namen „Wikingerdiaspora" gegeben hat, wanderten nordischsprachige Menschen aus Skandinavien in Teile Großbritanniens und in die Normandie aus, dazu auf die Inseln im Nordatlantik – hauptsächlich nach Island, aber auch auf die Färöer, die Orkneys und die Shetland-Inseln. Später kolonisierten sie Südgrönland und gründeten sogar ein paar kurzlebige Siedlungen in Nordamerika. Skandinavier segelten den Dnjepr zum Schwarzen Meer hinab und fanden in Konstantinopel eine Anstellung als die Warägergarde des Kaisers; außerdem gründeten sie die ersten russischen Fürstentümer.

Diese geografische Zerstreuung bedeutete, dass es gar keine Einheitlichkeit geben konnte, keine maßgebliche Version der Mythen, die jeder glauben musste. Bei Dogmatik in der Lehre denkt man alles in allem an Buchreligionen: das Judentum, das Christentum und den Islam, Glaubensformen, innerhalb deren sich die heiligen Schriften herausbilden, dann als kanonisch anerkannt werden und sich schließlich zu orthodoxer Verbindlichkeit festigen konnten (so sehr es Interpretationsunterschiede geben mag). Jede nordischsprachige Gemeinschaft – es gab sie von der Halbinsel Jütland bis hinauf zur Grenze Lapplands im Norden, bis zum wikingerzeitlichen Dublin und sogar nach Grönland im Westen, zur Normandie im Süden und bis nach Konstantinopel im Osten – kannte und nutzte ein wechselndes Ensemble von Mythen zur Erklärung jener großen metaphysischen Fragen, die zu beantworten die Aufgabe des Mythos ist.

Während Legenden Landes- und Kulturgrenzen überschreiten, verändern sie sich. Wenn wir die Version der Sigurðr/Siegfried-Geschichte, wie sie das um 1200 entstandene südostdeutsch-österreichische *Nibelungenlied* enthält, mit den nordischen Gedicht- und Prosaversionen vergleichen – sie sind in Kapitel 4 nacherzählt –, stellen wir fest, dass die Beziehungen zwischen den Hauptpersonen völlig umgestaltet sind. In der südlichen Variante liegt der Schwerpunkt auf der Rache einer Schwester an ihren Brüdern, die ihren Mann getötet haben. In den nördlichen Versionen verzeiht die Schwester ihren Brüdern und nimmt furchtbare Rache an ihrem zweiten Mann, der sie später ermordet. Diese Abwandlungen verraten uns etwas über wechselnde kulturelle Normen; die Geschichten loten aus, wo wohl die wahre Loyalität einer Schwester liegen mag, wenn eine Ehefrau aus ihr geworden ist. Mythen und Legenden sind wandelbar, sind labil; falls sie kulturell eine Rolle spielen, werden sie erinnert, umgestaltet und – üblicherweise durch die Schrift oder ein anderes Medium der Fixierung – überliefert. Wenn sie keine Bedeutung mehr haben, verschwinden sie. Es muss eine Riesenmenge Götter- und Heldengeschichten gegeben haben, die es nicht in den nordischen ‚Mythensparstrumpf' geschafft haben, lokal oder in der ganzen Kultur gängige Geschichten, die für immer verloren sind.

Orte und Gegenstände

Auf die verlorenen Schätze dieses ‚Sparstrumpfes' deuten frühe Verweise auf vorchristliche Religionsformen, archäologische Funde und – im Einzugsbereich der altnordischen Kultur besonders wichtig – Steinskulpturen hin. Zwar scheinen viele Rituale der nordischen Religion im Freien stattgefunden zu haben, aber Tempel baute man trotzdem. Ein Bericht aus den 1070ern, verfasst durch den Gelehrten Adam von Bremen, erwähnt den großen Tempel von Uppsala in Zentralschweden. Schweden bekehrte sich um einiges später als Norwegen und Island zum Christentum, und Uppsala war ein Zentrum für alle möglichen Aktivitäten: Politik und Verwaltung, Religion und Recht. Im Tempel von Uppsala thronten, so berichtet uns Adam, Statuen von Thor, Wotan und Frikko (Þórr, Óðinn und Freyr). In der Mitte saß Þórr, die beiden anderen Götter waren links und rechts neben ihm aufgestellt. Nahe beim Tempel stand ein immergrüner Baum und unter ihm befand sich ein Brunnen, in dem man Menschenopfer darbrachte (man ertränkte die Menschen). Menschen und Tiere gleichermaßen opferte man durch Erhängen an dem Baum: Hunde, Pferde und Männer baumelten hier nebeneinander. Wie schon

Bild des großen Tempels von Uppsala. Im Brunnen sieht man einen geopferten Mann. Aus *Beschreibung der nördlichen Völker* von Olaus Magnus (1555).

erwähnt, unterstreichen mit Óðinn verknüpfte Mythen die Bedeutung des Hängens als Hauptform des Opfertodes.

Auch archäologische Funde vertiefen unser Verständnis der nordischen Mythenwelt und vermitteln uns einen Eindruck, wie die in diesen Geschichten erwähnten Waffen, Schilde, Häuser und Schiffe wohl ausgesehen haben. Solche Gegenstände erweitern die Nachbildung der Welten von Göttern und Helden in unseren Köpfen. Einige Grabbeigaben legen nahe, dass manche Männer und Frauen Magie ausübten und in ihren Ritualen geheimnisvolle Objekte verwendeten. Beschreibungen von Schiffsbegräbnissen in mythischen Texten deuten an, dass man Totenboote in Brand steckte oder aufs Meer hinaustreiben ließ. Eine derartige Zeremonie kann so oder so keine archäologischen Spuren hinterlassen haben; gleichwohl beweist das Oseberg-Schiffsgrab, dass man Schiffe tatsächlich als würdige Ruhestätte für die Leiber hochgestellter Männer und Frauen ansah.

Besonders wichtig für eine Bestätigung und Vertiefung der Mythen und Legenden des Nordens sind die wikingerzeitlichen Steinskulpturen – reliefverzierte Bildstelen oder gemeißelte dreidimen-

Das Oseberg-Schiff aus dem 9. Jahrhundert, ausgestellt im Wikingerschiffe-Museum im norwegischen Oslo.

Das Oseberg-Schiffsgrab

Als ein Bauer 1902 in der südnorwegischen Landschaft Vestfold auf seinen Feldern einen Hügel aufgrub, entdeckte er darin Teile eines Schiffs. Im Sommer darauf legten Archäologen der Universität Oslo die Fundstelle frei und deckten ein riesiges Schiff von 21,5 Metern Länge und 5 Metern Breite auf, das reich mit Schnitzereien verziert war. Gebaut worden war es um etwa 820 aus Eichenholz und es konnte von dreißig Ruderern fortbewegt werden. 834 hatte man das Schiff an Land gezogen und als Grab für zwei Frauen von offensichtlich hohem Status verwendet. Eine war zwischen 70 und 80 Jahren alt, die andere wahrscheinlich um die 50; zusammen lagen sie auf einem Bett in einer prächtig geschmückten Hütte, die man hinter den Schiffsmast gebaut hatte. Diese Grabkammer war mit kunstvollen Wandteppichen ausgehangen und enthielt zahlreiche Besitzstücke: Möbel, Kleider, Schuhe, Kämme, Schlitten und ein geschmackvoll verzierter Eimer standen und lagen rund um die Frauen. Auch die Skelette von 15 Pferden, sechs Hunden und zwei kleinen Kühen fanden sich hier. Im Mittelalter hatte man den Hügel aufgebrochen und all die kostbaren Metallobjekte geraubt, die zweifellos einmal vorhanden gewesen waren, doch die Qualität der noch verbliebenen großen, schweren Gegenstände legt nahe, dass es sich bei der älteren Frau gut um eine Königin gehandelt haben kann. Das Oseberg-Schiff und zwei ähnliche Fahrzeuge können Sie im Wikingerschiffe-Museum in Oslo besichtigen.

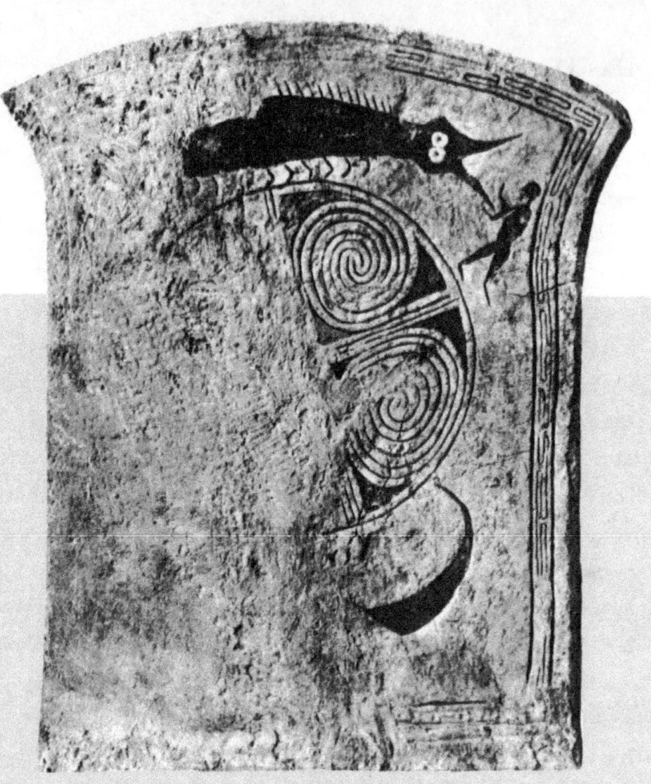

Der Reliefstein aus Austers in Hangvar auf Gotland.

Ein früher Bildstein aus Gotland

Ein faszinierendes Steinbild stammt aus Austers in der Gemeinde Hangvar auf Götland und entstand zwischen 400 und 600 n. Chr. Es zeigt ein vielbeiniges Ungeheuer zusammen mit einer Menschenfigur, die vielleicht ihre Hand ins Maul der Bestie legt oder dieses zumindest am Unterkiefer packt. Man hat diese Szene mit der Geschichte von Týr verglichen, der seine Hand an den kosmischen Wolf Fenrir verlor, aber es braucht schon einige Fantasie, um dieses merkwürdige, tausendfüßlerartige Wesen als Darstellung jenes Tieres anzusehen, das am Weltende Óðinn verschlingen wird.

sionale Darstellungen übernatürlicher oder heroischer Figuren. Erhalten sind sie hauptsächlich auf Inseln, Außenposten der Wikingerdiaspora, wie der Isle of Man oder der Insel Gotland in der Ostsee zwischen Schweden und Finnland, die lange ein Knotenpunkt für Handel und Reisen in den nördlichen Meeren war. Auf Gotland gibt es 475 erhaltene Bildsteine mit gemeißelten Abbildungen komplexer Szenen. Dank der eigenwilligen Details konnte man Óðinn auf seinem Pferd Sleipnir (siehe Kapitel 1), Szenen aus der Legende von Völundr dem Schmied (siehe Kapitel 2) und der Sigurðr-Legende identifizieren (siehe Kapitel 4).

Manchmal – wie im Fall von Óðinns achtbeinigem Pferd oder den Bildern des Gottes Þórr, wie er mit einem Ochsenkopf als Köder nach der Miðgarðschlange angelt – erscheint ein so spezielles Detail, dass es sich nur als Teil eines ganz bestimmten nordischen Mythos erklären lässt. Dadurch können wir noch bekannte Mythen und Legenden mit Steinskulpturen in der ganzen Wikingerwelt verknüpfen. In jeder einzelnen Gemeinschaft ging die örtliche Überlieferung in ererbte Geschichten ein – nirgends auf verblüffendere Art als auf der Isle of Man, wo man nordische Legenden auf christliche Kreuze meißelte und dadurch in Dialoge mit dem Christentum treten ließ. Motive aus der Geschichte um Sigurðr den Drachentöter konnten an den Kampf zwischen dem Erzengel Michael und dem Drachen in der Johannes-Offenbarung erinnern. Óðinns Tod, der Moment, als er bei der *ragnarök* vom Wolf Fenrir verschlungen wird, erscheint auf dem Schaft eines als Thorwald's Cross bekannten Kreuzes (nach dem Bildhauer, der es in Runen signiert hat) aus Kirk Andreas auf Man (siehe Frontispiz). Dieses Bild erzeugt einen mächtigen Kontrast zu Christus, der – anders als der Allvater – nach seinem Tod wieder auferstehen wird. Die Geschichte von Sigurðr erscheint im Bild auch auf Steinen und Kleinobjekten, die vom Wolgagebiet in Russland bis zum berühmten Ramsund-Stein in Schweden verstreut sind (siehe S. 151 f.). In späteren Kapiteln werden wir sehen, wie sich die Bilder in die Schriftquellen einfügen.

Mehr und mehr werden neue Funde von Metallobjekten, die oft winzig kleine Figuren darstellen, als Bilder der nordischen Gottheiten angesprochen. Zu ihnen zählen eine kürzlich ausgegrabene Darstellung Óðinns aus Lejre in Dänemark – der Gott sitzt auf dem Thron mit seinen beiden Raben auf der Rückenlehne – und ein faszinierendes Stück mit einer bewaffneten Frauengestalt (einer Walküre), das im dänischen Hårby zutage kam. Sie haben nun ihren Platz neben dem wohlbekannten Bildnis Þórrs aus Eyrarland auf Island (siehe S. 111) und der kleinen Statue mit dem riesigen Phallus aus Rällinge in Schweden, die man für gewöhnlich als Freyr identifiziert. Das Wechselspiel zwischen Archäologie, Mythos und Legende ist dynamisch; Neuentdeckungen geben unserem hypothesenreichen Wissensstand auch weiterhin neue Richtungen und gestalten ihn um.

Þórr und der Riese Hymir angeln und benutzen einen Ochsenkopf als Köder (Kapitel 5). Bild auf dem Kreuz von Gosforth im nordenglischen Cumbria, (wahrscheinlich) aus dem 10. Jahrhundert.

‚Óðinn' aus Lejre in Dänemark. Zwei Raben rahmen die Figur, die Frauenkleider trägt.

Andere germanische Traditionen

Schließlich können wir zur Deutung nordischer Mythen auch noch vergleichbare Traditionen aus der frühmittelalterlichen Welt der germanischen Sprachen heranziehen. Die Angelsachsen verehrten Götter, deren Namen denen der altnordischen ähnelten – Tiw, Woden, Thunor, Fricg; sie gaben den Wochentagen ihren Namen (*Tuesday*, *Wednesday*, *Thursday* und *Friday*), so wie es Týr, Óðinn, Þórr und Frigg in den skandinavischen Sprachen taten ... und wie sie es als Ziu, Donar und Frija auch in der Sprachgeschichte des Deutschen taten (Dienstag, Donnerstag, Freitag), während das neutrale „Mittwoch" den Platz des „Wotanstages" einnahm. In der altenglischen Literatur gibt es nur sehr wenige Bezüge auf die Götter; ein Hinweis taucht in der Lehrdichtung auf, wo die rettende Macht Christi mit der Aussage *Woden worhte weos* („Wotan schuf Götzenbilder") kontrastiert wird. Ein weiterer begegnet im *Nine Herbs Charm*, der Wotan anruft, weil der einst eine Schlange mit neun *wuldortanas* („Ruhmeszweige") geschlagen habe. Unter der spärlichen Zahl erhaltener althochdeutscher Texte finden sich einige Zaubersprüche, in denen Götter vorkommen, deren Namen sichtlich denen des altnordischen Pantheons ähneln. Der Zweite Merseburger Spruch berichtet, wie sich *Balderes uolon* („Baldrs Fohlen") den Fuß verrenkt; eine ganze Reihe von Gottheiten bespricht ihn (mehr dazu auf S. 59 und 60 [Fulla, Kapitel 1]). In den *Idisi*, die im Ersten Merseburger Spruch über ein Schlachtfeld gehen und einige Krieger dort teils fesseln, teils befreien, hat man die schattenhafte Gruppe der altnordischen *dísir* erkennen wollen (siehe S. 72).

Verglichen mit den reichhaltigen Erklärungen in Snorris *Prosa-Edda* oder auch nur der inneren Erzähllogik der eddischen Dichtungen bleiben diese Fragmente aus Nachbarkulturen quälend mysteriös. Die angelsächsische Kirche (und ihre Schwestern in den Stammesgebieten des späteren Deutschland) hatte kein Interesse daran, vorchristliche Glaubensinhalte zu erhalten, und ihr lang wirksames Schriftmonopol bedeutete einen umfassenden Verlust des Sagenschatzes der heidnischen Vergangenheit. Auch in den kontinentalen Stammgebieten der

Frauenfigur mit Schwert und Schild, vielleicht eine Walküre, um 800. Kürzlich gefunden bei Hårby in Dänemark.

Angelsachsen in Deutschland blieb kein Mythenmaterial erhalten; dort war es das Tagesgeschäft englischer Missionare, Seelen zu retten und heidnische Heiligtümer zu zerstören. Etwas besser hat sich in beiden Sprachen die heroische Sagendichtung erhalten, und wir werden auf das altenglische Gedicht *Beowulf* und das Gedicht *Deor* sowie auf das deutsche *Nibelungenlied* zurückgreifen, um Licht auf unseren Weg durch die Heldensagen Skandinaviens zu werfen.

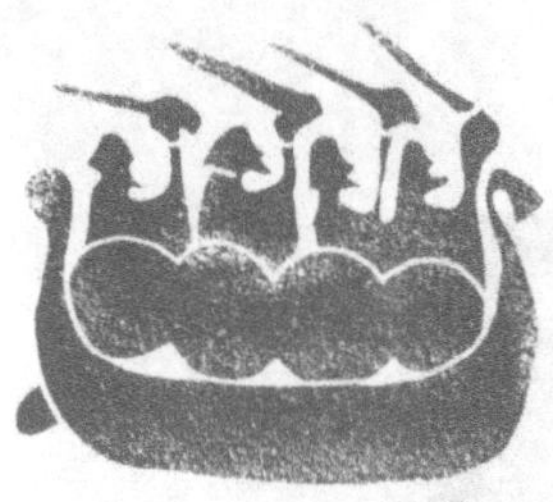

1 Die Götter und Göttinnen

Es gibt zwei klar unterschiedene Gruppen nordischer Gottheiten, die Mehrheit der Æsir („Asen") und die deutlich mysteriöseren Vanir („Vanen"). In beiden Gruppen gibt es männliche und weibliche Gottheiten, doch während die weiblichen Æsir als die Àsynjur bekannt sind, gibt es keine eigene Bezeichnung für weibliche Vanir, vielleicht weil Freyja die einzige unter ihnen ist, soweit wir wissen. *Æsir* ist der Plural des Substantiv *Áss*, „Gott"; der Begriff im Singular, „der Àss", steht üblicherweise für Þórr.

Die Æsir

Óðinn, dessen Name in etwa „der Wütende" heißt, ist der Anführer der Götter; manchmal wird er der „Allvater" genannt, aber selten. Er ist ein Kriegsgott, anders als Freyr ist Óðinn aber eher Stratege als Kämpfer: Er unterrichtet die von ihm auserwählten Helden in wirkungsvollen Gefechtsformationen, darunter eine, die wie eine Schweineschnauze aussieht, das *svinfylking*. Óðínn schürt Konflikte, damit er sehen kann, wer würdig ist, in seine große Halle Valhöll (Walhalla) einzugehen und sich den *Einherjar* („Einherier") anzuschließen, jenen Kriegern, die in der *ragnarök* an der Seite der Götter kämpfen werden. In der Schlacht entscheidet er über Niederlage oder Sieg und mit seinem Speer kann er Unverwundbarkeit verleihen; manchmal sendet er aber auch seine Walküren aus, damit sie bestimmen, wer gewinnt oder verliert.

Óðinn

- Anführer der Æsir. Einäugig, bärtig, alt.
- Gott der Weisheit, Magie, Schlacht, Königswürde; verehrt von der Elite; Wähler der Erschlagenen.
- Attribut: der Speer Gungnir.
- Hallen: hauptsächlich Valhöll (Walhalla, die Halle der Erschlagenen), aber auch einige andere, darunter Glaðheimr („Frohheim“) und Valaskjálf („Bord/Brett der Erschlagenen“), wo auch Hliðskjálf („Öffnungs-Brett“) steht, der Hochsitz, von dem aus er Ausschau über die Welten hält.
- Fortbewegung: achtbeiniges Pferd Sleipnir, reist aber auch oft zu Fuß und verkleidet.
- Tierbegleiter: Raben (Huginn und Muninn, „Gedanke“ und „Gedächtnis“); Wölfe (Geri und Freki, „Gieriger“ und „Verschlinger“).
- Verheiratet mit Frigg; zahlreiche Verhältnisse mit Riesen- und Menschenfrauen. Hat die Söhne Þórr, Baldr, Víðarr, Váli und Höðr.
- Besonders wichtig in Dänemark.

Der einäugige Óðinn mit seinem Raben und seinem Speer Gungnir in einem isländischen Manuskript des 18. Jahrhunderts.

Eine Walküre mitten im Flug. Plastik von Stephan Sindling (1910).

Walküren

Die Walküren sind übernatürliche Frauengestalten, die in Valhöll wohnen. Sie schenken den Kriegern, die dort leben, Wein und Met ein. Eine weitere ihrer Aufgaben ist, in die Schlacht zu reiten, wo sie den Sieg oder die Niederlage schenken, und so bedeutet ihr Name „Wählerinnen der Erschlagenen". Mal gibt ihnen Óðinn die Anweisung, wer gewinnen soll, mal ergreifen sie die Initiative und entscheiden, wer sie zurück nach Valhöll begleiten wird. Nicht alle Könige sind begeistert über die Einladung, sich den elitären (aber toten) Kriegern anzuschließen, statt weiter auf Erden zu regieren. In einem Erinnerungsgedicht wird der Norwegerkönig Håkon als eindeutig gewaltig beschrieben, selbst noch als ihn die größten Helden der Vergangenheit in der Halle willkommen heißen. Die Walküre Brynhildr bestraft Óðinn dafür, dass sie sich ihren Befehlen widersetzt und einem jüngeren, hübscheren Mann den Sieg geschenkt hat. Auch einige Menschenmädchen wählen das Leben einer Walküre und werden Schildmaiden. Dadurch können sie sich einen heldenhaften Gatten aussuchen, der sie vor der Ehe mit einem unerwünschten Bewerber retten kann, wie wir in Kapitel 4 sehen werden.

Óðinn ist auch der Gott der Weisheit; er sucht sie überall, wo sie sich nur finden lässt. Eines seiner Augen hat er in Mímirs Quelle geopfert, um geheimes Wissen zu erlangen, und er hängte sich selbst an den Weltenbaum Yggdrasill, um die Kenntnis der Runen zu gewinnen, des germanischen Schriftsystems, dank dem Götter und Menschen ihr Wissen für die Nachwelt festhalten konnten.

> Ich weiß, ich hing an einem windgepeitschten Baum
> neun lange Nächte,
> von einem Speer verwundet, dem Óðinn geweiht,
> ich selber mir selber
> an jenem Baum, von dem kein Mensch weiß,
> von wo seine Wurzeln ausgehen.
>
> Mit keinem Brot erquickten sie mich und keinem Trunk aus einem
> Horn,
> nach unten starrte ich;
> ich nahm die Runen, schreiend nahm ich sie,
> dann fiel ich von dort zurück.
> *Sprüche des Hohen, Str. 138 f.*

Außerdem kennt Óðinn Zaubersprüche, mit denen sich Verschiedenes erreichen lässt: Tote beleben, Brände löschen, Winde herbeirufen. 18 davon zählt er im *Hávamál* („Die Sprüche des Höchsten") auf, weigert sich aber, Einzelheiten zu nennen oder den letzten Spruch zu enthüllen, keiner Frau, es sei denn seiner Geliebten oder seiner Schwester – und da es keine Belege gibt, dass er eine Schwester hat, und er sich üblicherweise von seinen Geliebten nicht in aller Freundschaft trennt, wird er dieses Geheimnis wohl sehr, sehr lange geheim halten.

Ein Hauptanliegen Óðinns ist es, möglichst viel über *ragnarök*, das Ende der Welt, herauszufinden. Zu diesem Zweck sucht er verschiedene Bewohner der Götter- und Menschenwelten auf (dazu Kapitel 5 und 6). Er weiß, dass der Tod seines Sohnes Baldr eines der wichtigsten Anzeichen für das nahe Ende ist, hofft aber, dass er –

Óðinn hängt sich selbst in die Zweige von Yggdrasill. Buchillustration von W. G. Collingwoods zu Olive Brays Übersetzung der *Prosa-Edda* von 1908.

irgendwie – eine Methode finden kann, die Weissagung über die kommende Katastrophe Lügen zu strafen. Außerdem ist er ein meisterlicher Zauberer in einer besonders verrufenen Form von Magie namens *seiðr* (siehe Kapitel 2, S. 90). Wir wissen nicht viel darüber, was diese mit sich bringt, aber hauptsächlich scheint sie eine Frauendomäne zu sein. Wenn Männer diesen Zauber nutzen, dann gehört dazu das Cross-Dressing, und das Tragen von Frauenkleidern durch Männer ist in der nordischen Kultur in jedem Fall eine Schande. Zu diesem Thema gibt es tatsächlich einen verbalen Schlagabtausch zwischen Óðinn und Loki im Gedicht *Lokasenna* („Lokis Streit"). Als Óðinn Loki vorhält, dass dieser acht Winter in Gestalt einer Milchkuh und einer Frau unter der Erde verbracht und dabei Kinder geboren hat, kontert Loki damit, sein Blutsbruder habe auf der Insel Sámsey (zwischen Schweden und Dänemark gelegen, heute Samsø) *seiðr* betrieben

Die Runen

Runen sind die germanischen Schriftzeichen, die man im Norden kannte, ehe das römische Alphabet mit dem Auftreten des Christentums kam. Die Runen entwickelten sich ganz zu Anfang des 1. Jahrhunderts n. Chr., vermutlich aus einer Version des lateinischen Alphabets und wahrscheinlich am Rhein. Die Zeichen waren darauf ausgelegt, dass sie sich leicht in harte Oberflächen wie Holz oder Stein einritzen ließen. Das ältere Futhark (so nennt man das Alphabet nach seinen ersten sechs Zeichen) umfasste 24 oder 25 Buchstaben. Später, Ende des 8. Jahrhunderts, wurde das Zeichensystem in Skandinavien zum jüngeren Futhark vereinfacht. Dieses umfasste nur 16 Zeichen und wird von der Mehrzahl der erhaltenen Runeninschriften verwendet. Jede Rune stand für einen Laut, wie b oder th, jeder hatte aber auch einen Namen: zum Beispiel hieß f *fé* („Geld, Besitz"). In den altnordischen Mythen besitzen die Runen magische Eigenschaften – Óðinn nutzt sie, um die Prinzessin Rindr zu verhexen (siehe Kapitel 6). In den Sagas gibt es Fälle, in denen der Zustand eines Kranken sich verschlimmert, weil man versucht hat, ihn mithilfe falsch geritzter Runen zu heilen.

Das ältere Futhark.

„und auf die Trommel geschlagen, wie es Seherinnen tun“. Rasch greift Frigg ein und drängt die beiden Götter, so geheimnisvolle, uralte Angelegenheiten nicht in aller Öffentlichkeit zu besprechen.

Zusätzlich ist Óðinn der Beschützer der Könige. In Kapitel 4 werden wir sehen, wie sehr er sich für Könige und Helden der Menschen interessiert. Er ist darauf versessen, seine Schützlinge auf den Thron zu bringen, und will außerdem, dass sie tüchtig regieren. Doch wie es zu seiner Aufgabe passt, die besten Helden für Valhöll auszusuchen, überwacht er auch den Tod der Könige und Helden, eine Rolle, die diese oft als Verrat empfinden. In einigen Gedichten machen

Þórr

- Rotbärtig, Riesenverdrescher. Jähzornig und nicht besonders clever. Gott des Wetters, der Seefahrt (in Island), der Felder und Feldfrüchte; von Bauern verehrt.
- Attribute: der Hammer Mjöllnir; zwei Eisenhandschuhe; der Gürtel der göttlichen Kraft.
- Hallen: Þrúðheimr (Kraftheim), Bilskírnr (mit 500 Türen).
- Fortbewegung: Streitwagen mit Ziegenantrieb.
- Tierbegleiter: die Ziegen Tanngnjóstr und Tanngrisnir („Zähneknirschen" und „Zähnemahler"). Diese Tiere kann man töten, essen und am nächsten Morgen wieder zusammensetzen.
- Verheiratet mit Sif, der Goldhaarigen; Sohn von Jörð („Erde", einer Riesin) und Óðinn.
- Kinder: Magni und Móði und die Tochter Þrúðr. In einem Gedicht findet Þórr, als er heimkehrt, seine Tochter mit einem abstoßenden Zwerg verlobt; der Gott stellt auf die Probe, über wie viel Geheimwissen der Zwerg Alvíss („Allwissend") verfügt, bis die Sonne aufgeht und er sich in Stein verwandelt.
- Wichtigster Gott in Norwegen und Island.

Þórr reitet als Donnergott in seinem von Ziegen gezogenen Streitwagen aus, um mit seinem Hammer Riesen zu erschlagen. Gemälde von Mårten Eskil Winge (1872).

sie Óðinn bei ihrer Ankunft in Valhöll Vorwürfe und behaupten – es entspricht der Realität –, ihm sei nicht zu trauen.

Þórrs Hauptrolle ist es, das Reich der Götter gegen die Beutezüge der Riesen zu verteidigen. Viel Zeit verbringt er mit Reisen im Osten, wo er mit seinem mächtigen Hammer Mjöllnir gegen Riesen und Riesinnen kämpft. Er ist der einzige Gott, der eine enge Beziehung zu

Heimdallr mit dem Gjallarhorn, in das er stoßen wird, wenn die *ragnarök* anbricht. Aus einer isländischen Handschrift des 18. Jahrhunderts.

Heimdallr

- Bekannt als der weiße Gott; hat goldene Zähne.
- Wächter der Götter, der am Rand ihres Herrschaftsbereichs sitzt. Sein Rücken ist immer verdreckt von dem Schlamm, der von Yggdrasill heruntertrieft.
- Gehör liegt in Mímirs Quelle am Fuß von Yggdrasill verborgen.
- Attribut: das große Gjallarhorn, wird zur *ragnarök* geblasen.
- Halle: Himinbjörg („Himmelszuflucht").
- Tierbegleiter: das Pferd Gulltoppr („Goldmähne").
- Sohn von neun Müttern, die lauter Schwestern sind. Hat in Seehundsgestalt gegen Loki gekämpft; ihr Schicksal ist es, einander zur *ragnarök* erneut im Kampf zu begegnen (siehe Kapitel 6).

einigen Menschen knüpft; er hat zwei Diener, einen Jungen und ein Mädchen namens Þjálfi und Röskva. Obwohl Lokis Kontakte zu den Riesen ihn in Þórrs Augen höchst verdächtig machen müssten, erleben die beiden Götter oft gemeinsame Abenteuer. Þórrs Gegner bei der *ragnarök* ist die Miðgarðschlange, ein Kind Lokis, die sich einst aus dem Meer erheben wird. So wie Óðinn ein Interesse daran hat, herauszufinden, ob die *ragnarök* unausweichlich ist, hat auch Þórr einen frühen Zusammenstoß mit der Miðgarðschlange (die ganze Geschichte steht in Kapitel 3).

Nicht besonders viel wissen wir über Heimdallr. Er ist der Götterwächter und hält ein Auge offen, um zu schauen, ob Feinde kommen. Wenn die *ragnarök* beginnt, wird er sein großes Horn blasen. Sein Hörvermögen ist – aus rätselhaften Gründen – wie Óðinns Auge in der Quelle Mímirs versunken, aber das beeinträchtigt seine Fähigkeiten als Wächter nicht, denn er hört trotzdem so gut, dass er die Wolle auf dem Rücken eines Schafs wachsen hört. Außerdem ist er für die soziale Hierarchie bei den Menschen zuständig. Das Gedicht *Rígsþula* („Rígrs Liste") berichtet, wie Heimdallr sich den Namen

Baldr

- Bester und strahlendster der Götter; verströmt Licht.
- Hat erstaunlich blonde Wimpern.
- Stirbt jung. Wird nach der *ragnarök* wiederkehren.
- Halle: Breiðablikr („Breit-Aussicht").
- Mit Nanna verheiratet, die mit ihm in die Hel (Unterwelt) geht.

Rígr zulegt (ein irisches Wort für „König") und die Menschenwelt durchstreift.

Nacheinander kommt er an drei Häuser: eines ist eine Bauernhütte, eines ein schöner Bauernhof und das dritte eine vornehme Halle. In jedem Haus bittet man ihn herein, bietet ihm Essen an, und drei Nächte lang schläft er im Bett zwischen den dort wohnenden Eheleuten. Später gebiert jede Frau ein Kind. Das Baby des schlichten Bauernpaares ist der hässliche, aber stämmige Thrall („Knecht"), der zur körperlichen Arbeit bestimmt ist. Der Sohn des Hofbesitzerpaares ist Karl („freier Mann"), ein wohlhabender Ackerer, der das Land bestellt, das ihm selbst gehört, während das vornehme Paar Jarl („Graf, Kleinkönig") aufzieht, einen prächtigen jungen Edelmann. Jarls jüngerer Sohn wiederum ist *Konr ungr*, „der junge Konr", ein Ausdruck, der zusammen gelesen „König" (*konungr*) bedeutet. Als Konr volljährig wird, kommt Rígr und lehrt ihn die Runenkunde. Das Gedicht bricht ab, als Konr gerade aufbricht, um ein Königreich zu erobern.

Baldr hat in der nordischen Mythologie wenig zu tun, außer zu sterben; die Geschichte seiner Ermordung wird in Kapitel 6 erzählt. Unter allen Göttern ist er derjenige, der die engsten Verwandtschaftsbeziehungen pflegt, und als er vor seinem Tod böse Träume zu haben

Weil der strahlende Baldr sich für unverwundbar hält, erlaubt er den anderen Göttern, auf ihn zu schießen und zu werfen. Rechts drückt ein vermummter Loki dem blinden Höðr einen Wurfpfeil aus Mistelholz in die Hand (siehe Kapitel 6). Elmer Boyd Smith (1902).

Loki und das von ihm erfundene Fischernetz in einer isländischen Handschrift des 18. Jahrhunderts. Ein solches Netz führt zu Lokis Gefangennahme (Kapitel 6).

Loki

- Sohn einer Göttin und eines Riesen. Sieht gut aus, hat aber einen fiesen Charakter und benimmt sich launisch. Überaus listig, während er seine Sexualität markant wechselhaft auslebt.
- Verheiratet mit Sigyn. Zwei Söhne. Snorri nennt sie Váli und Nari oder Narfi, die *Lieder-Edda* nennt sie Nari und Narfi. Von der Riesin Angrboða der Vater folgender Monster: Fenrir, der Große Wolf, Miðgarðschlange, Todesgöttin Hel. Außerdem die Mutter (dazu Kapitel 3) von Óðinns achtbeinigem Pferd Sleipnir.

beginnt, verfallen seine Eltern in fieberhafte Aktivität. Sein Bruder erschlägt ihn durch einen Zufall; seine Frau stirbt bei seinem Begräbnis vor Kummer. Es ist geweissagt, dass er nach der *ragnarök* zu den Wohnsitzen der Götter zurückkehren wird. Dieses Informationsbröckchen ist für Óðinn entscheidend, denn aus ihm schöpft er Hoffnung, dass die Götter wiederkehren und die Welt erneuern werden.

Eine merkwürdige und doppeldeutige Stellung nimmt Loki ein, dessen gemischtes Erbe fraglich macht, wem seine Loyalität gilt. Er ist Óðinns Blutsbruder, und so hat der höchste Gott geschworen, niemals Bier zu trinken, es sei denn, auch Loki wird welches angeboten. Immer bringt Loki die Götter in Schwierigkeiten, also muss er sie auch oft wieder aus diesen herausholen. Das Glück lässt ihn im Stich, als seine Prahlereien im Gedicht *Lokis Streit* ans Licht bringen, welche Rolle er beim Tod Baldrs gespielt hat, und man nimmt ihn gefangen und fesselt ihn bis zur *ragnarök*. An diesem Tag wird er erklären, dass er endgültig den Riesen die Treue hält, und mit ihnen gegen die Götter marschieren. Anscheinend ist Lokis Mutter eine Göttin und sein Vater ein Riese – eine Verbindung, die gegen die üblichen Heiratsregeln unter Göttern verstößt. Aus seiner eigenen Beziehung zu einer Riesin gehen Ungeheuer als Nachkommen hervor. Auch seine Geschlechtsidentität kommt schon mal ins Rutschen: Er ist die Mutter des achtbeinigen Pferdes Sleipnir (siehe Kapitel 3), wird schwanger, als er ein halbgares Frauenherz isst, und scheint, so behauptet zumindest Óðinn, acht Winter als Frau unter der Erde verbracht zu haben.

Die Vanir

Eine wichtige Untergruppe der Götter bilden die Vanir. Wie es dazu kam, dass sie unter die Æsir aufgenommen wurden, wird in Kapitel 2 geschildert. Vier Vanir sind namentlich bekannt: Njörðr mit seinen beiden Kindern Freyr und Freyja, die in Ásgarðr, dem Reich der Götter leben, und Kvasir, der Weiseste aller Götter, der ein sehr durchwachsenes Schicksal hat (siehe Kapitel 3).

Njörðr lässt die Winde frei. Aus einer isländischen Handschrift des 17. Jahrhunderts.

Bekannt ist Njörðr hauptsächlich durch seine gescheiterte Ehe mit der Riesin Skaði (siehe Kapitel 3). Seine frühere Inzestbeziehung mit seiner Schwester, aus der Freyr und Freyja hervorgingen, scheint unter Vanir zulässig zu sein; immerhin wird seiner Tochter vorgeworfen, Sex mit ihrem Bruder gehabt zu haben und mit einer ganzen Menge anderer Männer obendrein. Die etymologische Wurzel seines Namens teilt Njörðr mit Nerthus, einer sehr alten germanischen Göttin, die der römische Historiker Tacitus in einer Schrift des Jahres 98 n. Chr. erwähnt.

Njörðr

- Zählt zu den Vanir. Gott des Meeres.
- Zuständig für Fischer, Seereisen und die Jagd.
- Kann die Winde beruhigen.
- Attribute: ungewöhnlich saubere Füße. Mag die Berge nicht.
- Halle: Nóatun („Schiffshof"), liegt an der Küste.
- Zeitweilig mit der Riesin Skaði verheiratet. Vater von Freyr und Freyja, die Mutter ist angeblich seine Schwester.

Nerthus, eine frühe germanische Gottheit

Wie Tacitus uns in seiner *Germania* berichtet, war Nerthus die Erd-Muttergöttin der Langobarden, eines Germanenstammes, der damals an der Elbe lebte und Jahrhunderte später nach Oberitalien einwanderte. Nerthus hatte ihren Sitz in einem heiligen Hain auf einer Insel inmitten eines Sees. Dort gab es einen heiligen Wagen, den nur der Priester der Nerthus anfassen durfte. Rund um den Wagen war ein Vorhang gespannt, hinter dem sich gelegentlich die Göttin persönlich manifestierte. Bei solchen Gelegenheiten spannte man Kühe vor den Wagen und der Priester lenkte ihn durch das Stammesgebiet, damit die Göttin ihr Volk besuchen konnte. Krieg oder Kämpfe waren nicht erlaubt, solange die Gottheit reiste; dann gab es Frieden und Glück. War die Reise beendet, wurden Wagen und Kühe, vielleicht auch die Göttin selbst, von Sklaven im heiligen See gewaschen. Anschließend ertränkte man die Sklaven in diesem See, auf dem, wie Tacitus schreibt, „ein geheimnisvoller Schrecken" liege.

Nerthus wird von ihren Priestern unters Volk gebracht. Emil Doepler (1905).

Freyr und sein Eber Gullinbursti („Goldborste").
Illustration von Johannes Gehrts (1901).

Freyrs Name heißt einfach „Herr"; er spielt zwei Rollen. Die eine, seltener erwähnte ist die des Anführers im Kampf; anscheinend ist Freyr ein handfesterer Kämpfer als der Taktiker Óðinn. Er wird „Kriegsführer der Götter" und ein „kühner Reiter" genannt, der Gefangene aus ihren Ketten befreit. Seine zweite Rolle ist die als Fruchtbarkeitsgott für Tier und Feld. Als Stammvater der Könige von Schweden schenkte er gute Ernten, und man opferte ihm, um Wohlstand zu bekommen. In der Geschichte seines Werbens um die Riesin Gerðr (siehe Kapitel 3) hat man oft einen Reflex des Wirkens des Sonnengottes auf die Erde im Frühling sehen wollen. Außerdem hat Freyr einen Eber namens Gullinbursti („Goldborste"), auf dem er reiten kann.

Freyr

- Zählt zu den Vanir. Hübscher Mann. Erscheint als Anführer im Krieg, ist in Schweden aber hauptsächlich für Feldfrüchte, Wetter und Ernten zuständig.
- Attribute: Hat sein Schwert weggegeben und muss deshalb bei der *ragnarök* mit einem Hirschgeweih kämpfen.
- Halle: Álfheimr (Albenheim).
- Fortbewegung: ein von Zwergen gemachtes Faltboot namens Skíðblaðnir.
- Tierbegleiter: der Eber Gullinbursti („Goldbor ste").
- Verheiratet (oder zeitweilig liiert) mit Gerðr, einer Riesin. Sein Sohn heißt Fjölnir. Eventuell sexuelle Beziehung zur Schwester Freyja. Ahnherr der schwedischen Könige.

Freyja, deren Name „Herrin" bedeutet, ist die Göttin, die am engsten mit der Sexualität verbunden ist, obwohl sie auch über die Toten eine gewisse Autorität hat. Ihr Gatte Óðr ist auf eine lange Reise gegangen, und solange er fort ist, weint Freyja Tränen aus Gold. Loki beschuldigt sie, Sex mit ihrem Bruder gehabt zu haben – als Fruchtbarkeitsgöttin, die für Liebesaffären zuständig ist, hat Freyja aber anscheinend Sex mit so ziemlich jedem: „von den Æsir und den Alben, die hier drinnen sind, / ist jeder schon dein Liebhaber gewesen", behauptet Loki. Und als die Götter sie in flagranti mit Freyr erwischt hätten, sei sie so erschrocken gewesen, dass sie gefurzt habe! Außerdem ist Freyja eine Beschützerin der Menschen und hilft ihrem Schützling Óttarr dabei, sein Erbe anzutreten, indem sie die Riesin Hyndla befragt (siehe Kapitel 3).

Freyjas Vorliebe für Schmuck verdeutlicht der Preis, den sie für den wundersamen Halsring *Brisinga men* zu zahlen bereit war (siehe S. 79–81). Ihr neuer Schatz gefällt ihr so sehr, dass sie ihn sogar im Bett anlässt. Laut Snorri hatte Freyja zwei Töchter namens Gersemi und Hnoss. Beides sind Wörter für „Schatz" und unterstreichen die Beziehung der Göttin zum Gold.

Freyja, die schöne goldhaarige Liebesgöttin. John Bauer (1911).

Freyja

- Zählt zu den Vanir. Sie anzurufen, ist in Herzensangelegenheiten ratsam. Mag Liebeslieder sehr gern. Wählt zusammen mit Óðinn die Hälfte der Gefallenen aus.
- Attribute: Fluggewand aus Falkenfedern. Weint goldene Tränen.
- Hallen: Folkvangr („Volksebene") und Søkkvabenkar („Versunkene Bänke")
- Fortbewegung: von Katzen gezogener Wagen.
- Verheiratet mit Óðr, der auf Reisen ist, hat aber anscheinend schon mit jedem geschlafen, ihren Bruder inklusive.

Unter den Augen Óðinns legt Týr seine Hand ins Maul Fenrirs, während die Fessel um die Pfoten des Wolfs angezogen wird. Isländische Handschrift des 18. Jahrhunderts.

Weniger wichtige Æsir

Týr, der einhändige Gott, verleiht den Sieg im Kampf. Seine Hand hat er im Rachen des riesigen Wolfs Fenrir eingebüßt; wie es dazu kam, berichtet Kapitel 3. Týr ist zuständig für Recht und Gerechtigkeit, und boshafterweise zieht ihn Loki damit auf, dass er in dieser Hinsicht eigentlich beide Hände voll zu tun hätte. Sonst wissen wir wenig über ihn. Anscheinend zählt seine Mutter zu den Ásynjur, ist aber mit einem ziemlich freundlichen Riesen verheiratet. Týrs Name verknüpft ihn mit Zeus und Jupiter (diese Wörter leiten sich aus derselben Wurzel ab) und vielleicht war er ursprünglich ein Himmelsgott. In seiner altenglischen Form Tiw gibt er seinen Namen dem Dienstag (Tuesday), und auch der war ursprünglich zu Ehren von Ziu ein Ziestag (und ist es in alemannischen Dialekten noch heute).

Der blinde Gott Höðr ist der Bruder von Baldr. Über ihn sprechen die Götter nicht gern, heißt es, seiner Rolle bei Baldrs Tod wegen. Einst wird Höðr zur Rache für Baldrs gewaltsames Ende von Váli getötet werden. Auch Höðr wird in den ruhmreichen Tagen nach der *ragnarök* wiederkehren, wenn „alles Leid geheilt wird“, und wird dann in Frieden mit seinem Bruder leben.

Víðarr ist als der schweigende Gott bekannt und hat Schuhe mit dicken Sohlen. Die wird er bei der *ragnarök* auch brauchen, wenn er seinen Vater Óðinn rächen muss, indem er Fenrir, dem Wolf, ins Maul springt und den Kiefer auseinanderreißt.

Váli wird als Rächer für Baldr geboren. Wie es dazu kommt, berichtet Kapitel 6.

Forseti ist der Gott für alle Fälle, wenn man Rechtsprobleme hat. Seinen liebsten Richterplatz hat er in seiner Halle Glitnir („Gleißender

Víðarr, der „schweigende Gott“, greift Fenrir an (Kapitel 6). Buchillustration von W. G. Collingwood (1908).

Ullr auf Skiern mit seinem Bogen, vielleicht auch mit der Eibe, aus der dieser gemacht ist. Isländische Handschrift des 18. Jahrhunderts.

Ort"). Er ist Baldrs Sohn und heute ist der Name der Titel für den isländischen Präsidenten.

Ullr ist der Gott des Bogenschießens; er fährt ausgezeichnet Ski, und ihn sollten Sie anrufen, bevor Sie einen Zweikampf austragen. Er lebt in Ýdalir („Eibentäler") – passenderweise, denn Eibenholz ist ein hervorragender Werkstoff zum Bogenbau. Ullr ist der Sohn von Sif, also Þórrs Stiefsohn, doch niemand weiß, wer sein Vater ist.

Schließlich gibt es noch Bragi, den Gott der Dichtung, Redekunst und Sprache, der mit Iðunn verheiratet ist. Höchstwahrscheinlich war Bragi ursprünglich ein Mensch; einer der frühesten namentlich bekannten altnordischen Dichter heißt Bragi der Alte, und einige seiner Werke sind erhalten. Er scheint spät ins Pantheon gekommen zu sein.

Die Ásynjur (Göttinnen)

Óðinns Frau Frigg weiß alles über das Schicksal, auch wenn sie ihr Wissen nicht allgemein bekannt macht. Dass ihre Halle Fensalir („Sumpfsäle") heißt, legt nahe, dass sie einen Bezug zu stehenden Gewässern hat, und möglicherweise waren einige Opfergaben der frühen Eisenzeit – kostbare Gegenstände, die in dänischen Mooren versenkt wurden – zu ihren Ehren gedacht. Friggs altenglisches Pendant *Fricg* hat dem *Friday* seinen Namen gegeben ... und auch der deutsche „Freitag" kommt nicht etwa von Freyja: Diese ist außerhalb Skandinaviens nicht belegt, und deswegen ist es *Fricg*, die im angelsächsischen England eng mit dem Sexuellen verknüpft ist, und über die südgermanische Namensform *Frija* den Freitag hervorgebracht hat.

Sif ist mit Þórr verheiratet und hat überaus schöne goldene Haare. Die stahl ihr Loki – wie, ist nicht klar, doch er deutet an, mit Sif geschlafen zu haben, und das hat ihm vielleicht die Gelegenheit zum Diebstahl geboten. Sif weinte um den Verlust ihrer Locken, aber Loki machte ihn wieder gut, indem er ihr zum Ersatz eine Haarpracht aus Zwergenfertigung schenkte. Diese Perücke pflanzte sich augenblicklich auf Sifs Kopf fest und war noch schöner als das Original. Deswegen ist „Sifs Haar" ein Kenning für Gold.

Die mit Bragi verheiratete Iðunn hütet die Äpfel der ewigen Jugend. Die müssen die Götter regelmäßig essen, wenn sie jung und

Frigg

- Wichtigste Göttin.
- Beschützerin der Liebe und Ehe.
- Attribute: Kennt das gesamte Schicksal. Soll außerdem ein Fluggewand aus Federn besitzen.
- Halle: Fensalir („Sumpfsäle")
- Verheiratet mit Óðinn und Mutter Baldrs. Ihre Dienerin ist Fulla.

Gefjun führt den Pflug hinter ihren vier Riesensöhnen, die sie in Ochsen verwandelt hat, um die dänische Insel Sjælland zu schaffen. Skulptur von Anders Bungaard, geschaffen 1897–99 für einen Brunnen in Kopenhagen.

kräftig bleiben wollen. Als ein hinterlistiger Riese Iðunn und ihre Äpfel entführt (siehe Kapitel 3), welken und altern die Götter rasch. In diese Lage hat sie wie üblich Loki gebracht; er muss nun mit seinem gewohnten Einfallsreichtum Abhilfe schaffen.

Gefjun besuchte König Gylfi von Schweden, verkleidet als Frau auf der Wanderschaft, und als „Lohn für seine Unterhaltung" willigte Gylfi ein, ihr etwas Land zu schenken – so viel, wie viele Ochsen an einem Tag und in einer Nacht pflügen konnten. Das hätte einen Bauernhof in ganz anständiger Größe ergeben, tatsächlich aber hatte Gefjun vier riesengroße Söhne. Sie wurden nun in Ochsen verwandelt und schafften es in einem Pflügemarathon von 24 Stunden, ein Riesenloch aus Gylfis Territorium herauszuschneiden. Dieses Loch ist heute Schwedens drittgrößter See, der Mälarsee, und das Land, das sie wegschleppten, bildet die dänische Insel Sjælland (Seeland), wo jetzt Kopenhagen steht. Gefjun ist Jungfrau, wie Snorri berichtet, und die Beschützerin der Jungfrauen, was nicht so ganz zur Geschichte mit den Riesensöhnen passt. Wie auch Frigg soll Gefjun eine vollständige Kenntnis des künftigen Schicksals besitzen.

Skaði, eine Riesin und Kriegerin, ist die Göttin der Jagd und des Skifahrens. Ihre Halle ist Þrymheimr (Þryms Heim – Þrym ist ein Riese), ererbt von ihrem Vater Þjazi.

Als Skaði in voller Rüstung und Waffen schwingend nach Ásgarðr hineinmarschiert, fordert sie Entschädigung für Þjazis Tötung durch die Götter (siehe Kapitel 3). Bei dieser Gelegenheit lässt sie sich breitschlagen, einen Gott zum Mann zu nehmen, sie muss aber zwischen mehreren Kandidaten wählen, die hinter einem Tuch verborgen sind. Weil von denen nur die Füße sichtbar sind, wählt sie am Ende den Meeresgott Njörðr – denn natürlich sind seine Füße besonders hell und sauber! Skaði ist verstimmt, hatte sie sich doch erhofft, Baldr als Gatten zu gewinnen; sie lässt sich aber von Loki überzeugen, sich mit dem Ausgang zufriedenzugeben, vorausgesetzt, Loki kann sie zum Lachen bringen. Die grimmige Skaði ist zum Lachen gerade nicht aufgelegt, aber Loki bindet den Bart einer Ziege an seinen Hoden fest und anschließend veranstalten er und die Ziege ein Tauziehen. „Beide kreischten sie dabei sehr laut", so Snorri. Loki fällt Skaði dabei in den Schoß und da lacht sie endlich. Die sexuell aufgeladene Farce hat ihr Ziel erreicht, doch wir werden sehen, dass die Ehe zwischen Skaði und Njörðr keine Erfolgsgeschichte ist.

Friggs Zofe Fulla trägt ihre Haare offen und überwacht die Schuhsammlung der Göttin. Fulla ist eine sehr alte Gottheit; sie erscheint schon in einem althochdeutschen Zauberspruch, der im 10. Jahrhundert aufgezeichnet wurde.

Nachdem die Götter und Göttinnen jetzt vorgestellt sind, ist es Zeit, dass wir uns die Mythen anschauen, in denen sie auftreten. Im nächsten Kapitel beginnen wir damit am allerersten Anfang der Zeit, mit dem Ursprung der Götter und der Erschaffung der Welt.

Skaði bei der Jagd auf Skiern in ihrem Bergrevier.
Zeichnung von „H. L. M." (1901).

Ein Zauber, den die Götter benutzten

Im sogenannten Zweiten Merseburger Spruch erscheinen Baldr, Wotan, Friia (Frigg) und Volla (Fulla) zusammen mit einigen nicht identifizierbaren Figuren – Phol, Sinthgut und Sunna. Phol und Wotan sind durch den Wald geritten, als sich Baldrs Pferd den Fuß verstaucht hat. Die Göttinnen und Wotan beschwören den Fuß, er möge zusammenwachsen: „Bein [Knochen] zu Bein, Blut zu Blut, Glied [Gelenk] zu Glied." Das Bein heilte, und dieselbe Formel, so legt der Spruch nahe, lässt sich auch zur Heilung anderer Wesen einsetzen. Diese kleine Geschichte ist eine mythische Erinnerung und zitiert das tätige Wirken der Götter, um eine Heilung in der Gegenwart zu erreichen.

Frigg und ihre Dienerinnen versorgen zusammen mit Baldr und Óðinn Baldrs verletztes Pferd. Emil Doepler (1905).

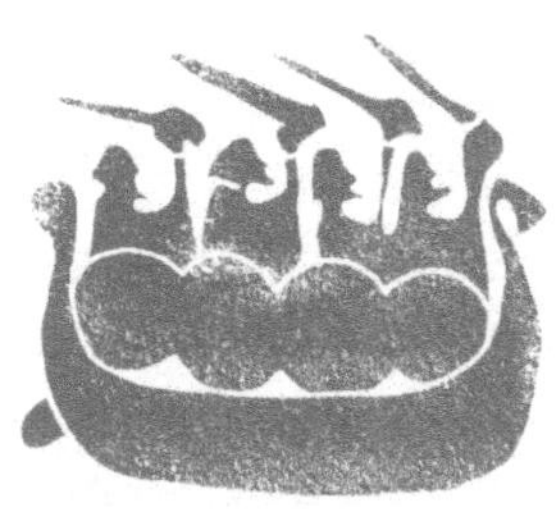

2 Die Welt wird geschaffen und gestaltet

Ein Universum zu erschaffen, wenn nichts existiert als *ginnunga gap*, eine klaffende Leere, ist keine leichte Aufgabe. Schöpfergötter brauchen Ideenreichtum und gute Planung, um eine Welt ins Sein zu bringen, und außerdem brauchen sie einen Stoff, aus dem sie ihre Schöpfung formen können. Der jüdisch-christliche Gott spricht die Schöpfung ins Sein durch das Wort, den Logos. Als er gebietet: „Es werde Licht", tritt das Licht jäh ins Sein, und Gottes Worte sind auch die treibende Kraft im übrigen Schöpfungsvorgang. In anderen Schöpfungsmythen gebären Frauengestalten die Welt; Himmel und Erde liegen beisammen und alles, was existiert, wird aus dieser Vereinigung geboren.

Wie man eine Welt macht

Das Altnordische kennt mindestens drei aktive Schöpfungsmythen; jeder Mythos verrät uns etwas anderes darüber, wie man sich den Schöpfungsvorgang vorstellte. Die hier zitierte Version geht davon aus, dass die Söhne des Burr (Óðinn mit seinen Brüdern Vili und Vé) das Land aus dem *ginnunga gap* heraufbeschworen. In den Zeilen, die in der *Völuspá* („Weissagung der Seherin") folgen, beginnt auf dem Felsboden frischer Lauch zu wachsen (eine höhere Form des Grases), und die Aufgabe, der Welt Form zu verleihen, scheint bereits erledigt.

Früh in der Zeit richtete Ymir sich ein,
es gab keinen Sand, auch kein Meer oder kühle Wellen,
Erde gab es nirgendwo und den Himmel darüber auch nicht,
eine Leere aus gähnendem Chaos, Gras gab es nirgends,

Ehe die Söhne Burrs die Landfläche emporbrachten,
sie, die das ruhmreiche Midgard formten.
Weissagung der Seherin, Str. 3–4

Auf der Grundlage der mittelalterlichen Wissenschaftstheorie trägt Snorri seine eigene Ausarbeitung vor und erklärt die Schöpfung als Vereinigung von Gegensätzen. Der *ginnunga gap*, erklärt er uns, sei ein Ort, der im Norden liege: eine eisgefüllte Kluft, die ein Fluss namens Élivágar speise, dessen giftige Fluten sich zu Frost und Eis verfestigt haben. Das Land des Feuers, Muspellsheimr, Reich des Feuerriesen Surtr, liegt südlich davon. Und als die Funken, die aus Muspellsheimr aufschlugen, auf dem Eis im *ginnunga gap* landeten, begann dieses zu schmelzen und das Leben – geschaffen aus der Vereinigung der Hitze und Trockenheit des Feuers mit der Kälte und Feuchtigkeit des Eises – entstand in Gestalt eines Mannes. Als sein Name wird sowohl Aurgelmir als auch Ymir angegeben, der Vorfahre der Frost- oder Reifriesen. Während Ymir schlief, schwitzte er, und aus seinen Achselhöhlen entsprangen ein Mann und eine Frau. Auch seine beiden Füße erzeugten miteinander ein Kind: das waren die ersten Riesen.

Ob nun die Söhne Burrs die Erde aus den Tiefen heraufriefen oder ob sie hinabstiegen und sie emporholten, ist aus dem oben zitierten Bericht nicht klar. Aber die altnordische Tradition hat noch eine weitere Schöpfungsmethode zu bieten, bei der Gewalt und Zerstückelung ins Spiel kommen. Die Söhne Burrs legten Hand an den Urriesen Ymir, töteten ihn und nahmen seine Körperteile, um daraus die verschiedenen Teile der Welt zu formen, wie es die *Aussprüche Grímnirs* berichten.

Die Söhne Burrs erschaffen die Welt, indem sie sie aus dem anfänglichen Chaos emporheben. Buchillustration von Lorenz Frølich (1895).

Eine kosmische Kuh

Eine kosmische Kuh namens Auðhumla erschien aus dem Eis und nährte Ymir mit ihrer Milch. Während sie das steinharte, salzige Gefrorene leckte, begann die Gestalt eines ansehnlichen und mächtigen Mannes namens Búri hervorzutreten. Búri war der Vater von Borr (eine andere Schreibung für Burr) und der wiederum zeugte Óðinn und dessen Brüder Vili und Vé. Was hinterher mit Auðhumla passierte, wissen wir nicht. Vielleicht zog sie weiter, um auf dem frischen Gras zu weiden, das auf der eben entstehenden Erde wuchs. Womöglich hatte Auðhumla einige Nachkommen, denn spätere Geschichten berichten uns von heiligen Kühen, die für vorchristliche Herrscher wichtig waren.

Auðhumla, die Urkuh, leckt Burr aus dem Eis.
Isländisches Manuskript des 18. Jahrhunderts.

Aus Ymirs Fleisch wurde die Erde gemacht
und aus seinem Blut das Meer,
Berge aus seinen Knochen, Bäume aus seinen Haaren,
und aus seinem Schädel der Himmel.

Und aus seinen Wimpern machten die fröhlichen Götter
Miðgarðr für die Menschensöhne,
und aus seinem Gehirn wurden die hart geschmiedeten Wolken
allesamt erschaffen.
Aussprüche Grímnirs, Str. 40–41

Die Welt, in der die Menschen leben (Miðgarðr, „der mittlere Ort"), ist also aus dem Leib eines Ermordeten gebaut, geschaffen durch Gewalt und Grausamkeit in einem Schöpfungsakt, der reine Männersache ist. Die altnordischen Mythen werden sehr deutlich aus der Perspektive der Æsir, also der männlichen Götter, erzählt, und in Sachen Schöpfung eignen diese sich die Macht des Lebensspendens, des nährenden Großziehens und der Fruchtbarkeit an, Kräfte, die üblicherweise mit der weiblichen Geschlechterrollen verknüpft werden. Anders als Frauen können die Götter jene Materie, die sie für die Schöpfung brauchen, nicht aus ihren eigenen Körpern gewinnen, also müssen sie den Stoff hernehmen, wo sie ihn finden können. So weben sie die Aggression in die tiefste Substanz des Universums hinein, und dadurch lassen sie die Gewalt unter Menschen und Göttern Gestalt annehmen und fördern sie. Ob diese Version des Schöpfungsmythos die ältere ist oder ob sie ein kulturelles Ergebnis der kriegerischen Jahrhunderte der frühen Eisen-, ja vielleicht sogar erst der Wikingerzeit ist, können wir nicht sagen. Eventuell sagt es etwas aus, dass der friedlichere (wenngleich ebenfalls rein männliche) Schöpfungsakt, in dem das Land aus dem Meer gehoben wird, in der *Weissagung der Seherin* erzählt wird, ein Gedicht, dessen Entstehung man heute in die Zeit um 1000 setzt, als christliche Vorstellungen das nordische mythologische Denken bereits stark durchdrungen hatten.

Die Zeit wird eingerichtet

Sobald die Welt begründet, der Raum definiert und zugewiesen ist, besteht der nächste Schritt der Götter im Regulieren der Himmelskörper. Offenbar gibt es Sonne, Mond und Sterne schon, doch sie nehmen noch keine feste Bahn über den Himmel. Die Gottheiten treffen sich zu einer feierlichen Versammlung und legen die Unterteilungen der Zeit fest:

> der Nacht und ihren Kindern gaben sie Namen,
> Morgen benannten sie und Mittag,
> Nachmittag und Abend, sie in Jahren zu rechnen.
> *Weissagung der Seherin, Str. 6, V. 5–10*

Sonne und Mond stellt man sich verschiedenartig vor. Eine Tradition besagt, sie eilten durch den Himmel, weil ihnen gefräßige Wölfe auf den Fersen seien; diese Bestien, wahrscheinlich Avatare des kosmischen Wolfes Fenrir, werden sie bei der *ragnarök* einholen und ver-

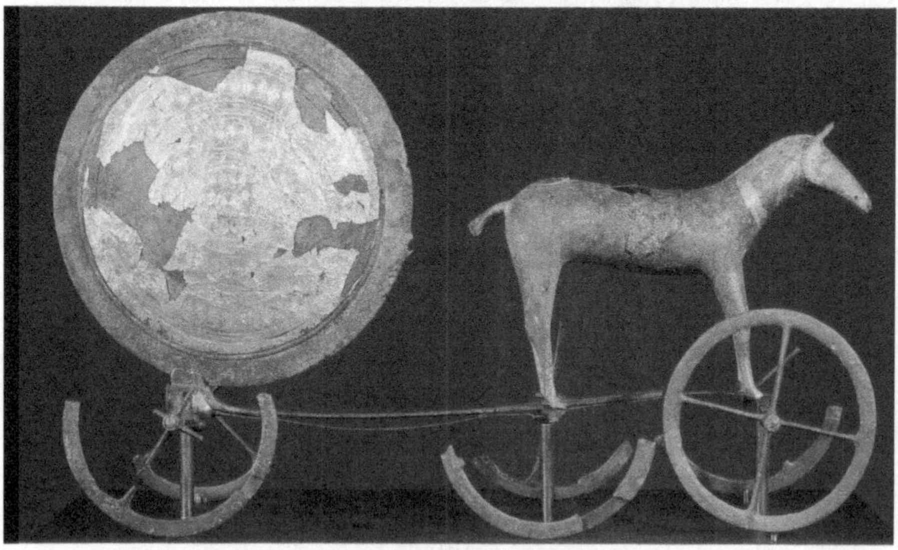

Bronzezeitliches Modell eines Sonnenwagens, entstanden zwischen 1800 und 1600 v. Chr., aus dem dänischen Trundholm.

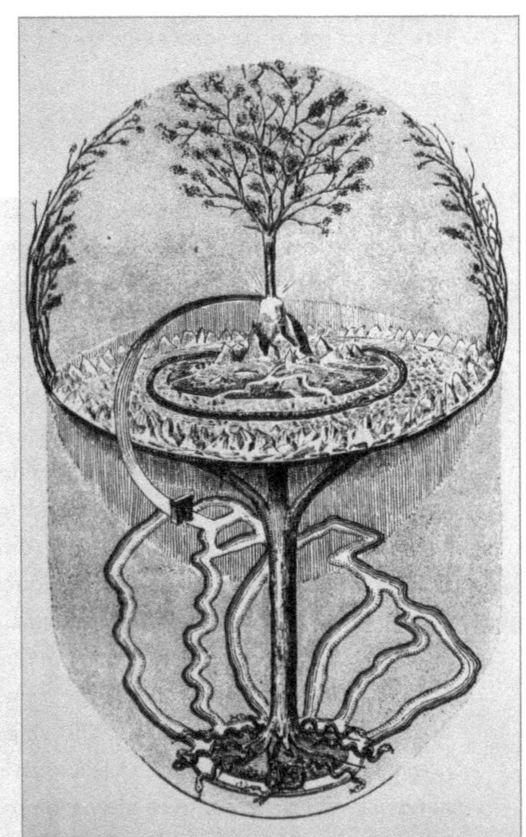

Darstellung des mythischen nordischen Universums: Yggdrasill wächst durch Ásgarðr sowie die Welten der Menschen, der Riesen und der an seinen Wurzeln gesammelten Toten empor. Aus Bischof Thomas Percys *Northern Antiquities* (1847).

Die drei Schicksalsjungfrauen

Unter dem Weltenbaum Yggdrasill befindet sich eine Halle oder eine Quelle (vielleicht ja auch eine Halle an einer Quelle?). Hier wohnen die drei Schicksalsfrauen Urðr, Verðandi und Skuld; es heißt, sie schneiden Holzstücke ab, auf denen jedes einzelne Schicksal eingeritzt wird. Urðr trägt einen alten Namen, der mit *wyrd*, dem altenglischen Wort für „Schicksal, Verhängnis" verwandt ist, von dem das heutige *weird* herstammt. Verðandi steht für die Gegenwart, denn ihre Namensform ist ein Partizip Präsens (das im Deutschen „werdend" hieße), während Skuld („muss sein", unserem „Schuld" verwandt) sich auf die Zukunft zu beziehen scheint. Stoisch hinzunehmen, wie das Schicksal verfährt, ist entscheidend, damit der Held seine Bestimmung erfüllt, wie wir in Kapitel 4 und 5 sehen werden.

schlingen. An anderer Stelle werden die Himmelskörper auf Wagen gefahren, gelenkt von Wesen, deren Namen sich auf Tag und Nacht beziehen, und gezogen von Pferden namens Skínfaxi („Schimmernde Mähne“) und Hrímfaxi („Frostmähne“). Nachdem die Zeit damit eingerichtet ist, sind die Götter für deren unerwartete Folgen verantwortlich. Das Auftauchen von Vergangenheit, Gegenwart und Zukunft bringt Unsicherheit und einen gewissen Machtverlust. Denn die Riesen haben für die Vergangenheit ein längeres und besseres Gedächtnis als jene Götter, die die dritte und vierte Generation der Nachkommen des Urriesen bilden, und dieses Wissen hüten die Riesen eifersüchtig. Auch liegt die Zukunft nicht offen vor den Göttern; Seherinnen und einige Riesen wissen genauer, was kommen wird, als die meisten unter den Æsir. Zwar heißt es, die Göttinnen Gefjun und Frigg kennten das Schicksal, doch sie verraten nicht, was sie wissen. Auf der Suche nach der Enthüllung der Zukunft auf Fahrt zu gehen, die Einzelheiten der *ragnarök* herauszufinden und vielleicht zu erkennen, wie sie sich verhindern lässt, ist eine der fixen Ideen Óðinns, wie wir in Kapitel 6 noch sehen werden.

Durch die Entwicklung eines Zeitsystems, das mit Zyklen operiert (die wiederkehrenden Zyklen von Tagen und Jahren, daneben die größeren Zyklen aus Schöpfung, *ragnarök* und Wiedergeburt), haben die Götter das Schicksal heraufbeschworen: künftige Ereignisse im Leben von Individuen und sozialen Gruppen, die sich voraussehen, nicht aber verhindern lassen. Die Götter selbst sind dem Schicksal unterworfen und müssen seinen Gesetzen gehorchen.

Die mythische Landschaft

Nun ist der Raum also geformt und die Zeit eingerichtet, und wir sind in der Lage, die Geografie des nordischen Mythenuniversums zu beschreiben. Ihr Kernstück ist Yggdrasill, der Weltenbaum, die große Esche, deren Wurzeln, normalerweise drei an der Zahl, die verschiedenen Regionen der Welt festlegen.

Drei Wurzeln wachsen dort in drei Richtungen
unter Yggdrasills Esche;
Hel lebt unter einer, unter der zweiten die Frostriesen,
unter der dritten die Menschheit.
Aussprüche Grímnirs, Str. 31

Snorri bestätigt, dass die Welt der Toten, Niflheimr („Nebelwelt"), über die Lokis Tochter Hel regiert, unter einer Wurzel liegt und dass die zweite in den einstigen *ginnunga gap* hinabgreife, in das eisige Reich der Frostriesen, aber die Menschenwelt ersetzt er in seinem Modell durch die Welt der Götter, Ásgarðr. Miðgarðr ist die Welt der Menschen, ein zentraler Raum, der im altenglischen Wort *Middangeard* („Erde") nachklingt, die man sich im christlichen Weltbild als zwischen Himmel und Hölle gelegen vorstellte (und man vergleiche J. R. R. Tolkiens „Mittelerde" – *Middle-earth*). Doch obwohl die verschiedenen Welten, so heißt es, unterhalb der Stelle liegen, wo der Baum aus dem Boden wächst, stellt man sich die benachbarten Reiche der Götter und der Riesen gleichzeitig auch auf einer gemeinsamen horizontalen Ebene gelegen vor, wobei Jötunheimar (das „Riesland") im gebirgigen Osten liegt. Ásgarðr denkt man sich als Zentrum des Kosmos; darin liegt im Schatten von Yggdrasill Óðinns gewaltige Halle Valhöll. Eine Ziege namens Heiðrún steht auf deren Dach und weidet die Esche ab. Aus ihrem Euter kommt der nie versiegende Metvorrat, der Valhölls Bewohner, die *Einherjar*, die heldenhaften toten Menschen, bei Kräften hält.

Heiðrún ist nicht das einzige Tier, das mit Yggdrasill zu tun hat. Der Name des Baums bedeutet „Reittier des Schrecklichen", ein Beiname, der sich aus der Geschichte von Óðinns Opfer herleitet (siehe Kapitel 1); im germanischen Denken gibt es eine festgefügte Metapher, die den Galgen als das Pferd versteht, auf dem der Verbrecher reitet, der an ihm hängt. Oben in der Blätterkrone des Baumes äsen vier Hirsche die jungen Sprösslinge ab. Weiter unten nagen Schlangen an den Wurzeln. Ein Adler nistet auf dem Baumwipfel und zwischen seinen Augen sitzt ein Habicht; ein Eichhörnchen mit dem herrlich laut-

Die Ziege Heiðrún steht auf dem Dach von Valhöll und rupft die Blätter von Yggdrasill. Daneben steht ein Gefäß zum Auffangen des Mets, der aus ihrem Euter strömt. Isländisches Manuskript des 18. Jahrhunderts.

malerischen Namen Ratatöskr läuft den Stamm hinab und hinauf, um Nachrichten aus den Welten oben und unten zu bringen. Unter den Schlangen befindet sich das schrecklichste Geschöpf von allen, der Drache Niðhöggr („feindselig Schlagender“), der manchmal in die Luft aufsteigt und durch die mythische Welt fliegt; er ist ein Vorzeichen grauenhafter Ereignisse. All diese Geschöpfe fordern ihren Tribut von dem Baum; sie stehen für das Wirken der Zeit, die an seinem Wesen nagt, sich in die symbolische Weltachse hineinfrisst, um die sich alles dreht. Zwar sind die Hirsche mit aristokratischen Vorstellungen verknüpft und die Ziege spendet Nahrung, doch sie setzen dem Baum ebenso zu wie die Schlangen, deren Bosheit nur offensichtlicher ist.

Unter seinem Blätterdach beschirmt Yggdrasill außerdem Mímirs Quelle (dazu später in diesem Kapitel S. 91) und vielleicht auch jenes Gewässer, an dem die Schicksalsgöttinnen wohnen. Glänzend weißer Schlamm läuft den Baum hinab und landet anscheinend auf Heimdallr, denn Loki wirft ihm vor, „einen schlammigen Rücken“ zu haben. Es heißt, in der Quelle befänden sich auch Heimdallrs Hörvermögen und Óðinns Auge, das er im Austausch für einen Schluck aus

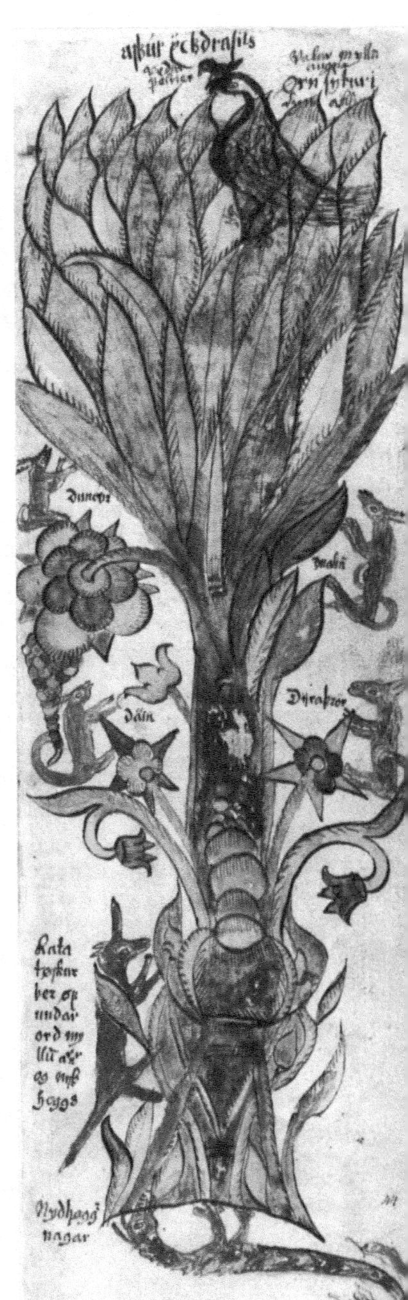

Die Tiere auf Yggdrasill: obenauf sitzen der Adler und der Habicht, an den Seiten stehen die vier Hirsche, unten links ist Ratatöskr, das Eichhörnchen, und von unten nagt der Drache Niðhöggr an den Wurzeln. Isländisches Manuskript des 18. Jahrhunderts.

Die drei Nornen, schicksalhafte übernatürliche Frauen, neben der Quelle unter Yggdrasill. Illustration von Lorenz Frølich (1895).

Übernatürliche Frauen: Nornen und Dísir

Mit dem unentrinnbaren Schicksal assoziiert werden mehrere übermenschliche Frauengestalten. Die Nornen üben mehrere Funktionen aus: manche sind feindselig, andere helfen bei der Geburt, wieder andere teilen einem neugeborenen Kind sein Schicksal zu. Oft sprechen Helden, die den Tod vor Augen haben, vom „Urteil der Nornen", wenn sie erkennen, dass ihre letzte Stunde geschlagen hat. Bei den *dísir* handelt es sich um ein Kollektiv aus Geisterwesen, hinter denen man weibliche Ahnen vermutet; sie bringen Königen und Felsen den Tod. In einer isländischen Geschichte wird ein junger Mann davor gewarnt, auf dem Bauernhof in einer bestimmten Nacht nicht hinaus auf den Hof zu gehen, er tut es aber doch. Am Himmel sieht er eine Gruppe aus je neun Frauen in dunklen und neun in hellen Gewändern, die für den alten Glauben und die neu angenommene christliche Religion stehen. Noch ehe der Mann ins Bauernhaus zurückgehen und von dem Anblick erzählen kann, greifen die dunkel gekleideten Frauen ihn an, und nachdem er sein Erlebnis berichtet hat, stirbt er. Ein prophetisch begabter Norweger erkennt in den dunklen Frauen *dísir*, die mit der Familiengeschichte und dem Gehöft verbunden sind; wenn das Christentum kommt, werden sie die Familie verlassen.

dem Quellwasser verpfändet hat. Die beiden wichtigen Organe, die die Götter geopfert haben (unwiderruflich verloren ist das dritte, Týrs Hand, die Fenrir nach dem Abbeißen zweifellos verschluckt hat), bleiben ganz in der Nähe und sind vielleicht immer noch mit ihren einstigen Besitzern zusammengeschaltet. Denn die Logik des Austauschs im Opfer – dass etwas aufgegeben wird und zum Lohn etwas Besseres, Gesteigertes zurückgegeben wird – legt nahe, dass Heimdallrs scharfes Gehör und Óðinns Einsicht, wenn auch nicht sein eigentliches Sehvermögen, von der Macht des lebendigen Quellwassers herrühren.

Außerhalb von Valhöll und dessen unmittelbarer Umgebung hat jede Gottheit ihre eigene große Halle, einen Ort der Autorität und der Herrschaft, ganz ähnlich den Häuptlingshallen der Wikingerzeit, die man in Gamla Uppsala in Schweden oder Lejre in Dänemark ausgegraben hat, oder auch der inzwischen rekonstruierten Halle von Eiríkr dem Roten im grönländischen Brattahlíð. Zwölf solcher Hallen zählt Óðinn im Gedicht *Grímnismál* („Aussprüche Grímnirs") auf, und jede gehört einem bestimmten Gott. In den Namen dieser Wohnsitze stecken Licht, Glanz, Freude oder bestimmte göttliche Attribute, etwa „Eibentäler", wo der Schützengott Ullr lebt; Eibenholz war erste Wahl zum Bogenbau. Óðinns Bericht zeigt auch das tägliche Leben der Götter, wenn sie in ihrer Halle auf dem Thron sitzen: sie trinken, fällen

Rekonstruierte Halle Eiríkrs des Roten im grönländischen Brattahlíð. Ähnliche Hallen dachte man sich als Wohnsitze der nordischen Götter.

Rán, die Göttin des Meeres, als geschnitzte Galionsfigur der *Jylland*, einer restaurierten dänischen Fregatte aus dem 19. Jahrhundert.

Urteile und schlichten Streit; dann reiten sie auf Pferden und wählen – vielleicht zu deren Unheil – die Getöteten aus, das göttliche Äquivalent zum Anwerben neuer Krieger für das Gefolge des Häuptlings.

Draußen, jenseits der Gegend, wo die Riesen wohnen, liegt der Ozean. An seinem äußersten Rand, der die Grenze der bekannten Welt darstellt, liegt die Miðgarðschlange, Jörmungandr, der „Gewaltige Stab", und wartet auf den Kampf mit Þórr. In den Tiefen des Ozeans lebt Ægir, der Herr des Meeres, vielleicht ein Riese, vielleicht auch ein Gott, mit seiner Frau Rán, deren Name „Raub" bedeutet. Rán trachtet den Menschen nach dem Leben, verwickelt sie in ihr Netz und zieht sie hinab in die Tiefe. Ihre Töchter mit Ægir sind die Wellen, die mal mit sanftem, friedlichem Gebaren die Köpfe nach vorn und hinten werfen, mal sich gefährlich über die Boote erheben, die sie zu Brennholz zerschlagen wollen.

Dass es Ægirs Frau und seine Töchter sind, die die Sœfahrer bedrohen, dass der Tod auf dem Meer als weiblich imaginiert wird, deckt sich mit der Auffassung, die eine ganze Kultur durchzieht, wonach die Walküren, die *dísir*, die Nornen und auch Hel selbst, die Herrscherin der Totenwelt, allesamt den Tod als eine Frau voller Verlangen verkörpern, die den todgeweihten Mann als Liebhaber in die nächste Welt entführen will und sich danach verzehrt, ihn in ihre verhängnisvollen Arme zu schließen. So wie Frauen gebären, stehen sie auch am Ende des Lebens und warten, dass der zum Sterben bestimmte Mann ihnen in die Arme läuft. Egill Skalla-Grímsson, der große isländische Dichter des 10. Jahrhunderts, schließt sein tragisches Gedicht *Sonatorrek* („Über den Verlust von Söhnen") mit der Strophe:

> jetzt wird es schwer für mich;
> die Schwester von Óðinns Feind [= Fenrir; Fenrirs Schwester = Hel]
> steht auf der Landzunge;
> doch froh, bereitwillig
> und furchtlos werde ich warten
> auf Hel.
> *Über den Verlust von Söhnen, Str. 25*

Kulturstiftung

Wir haben die Götter an der Stelle verlassen, als die Welt ganz neu war und sich Tag und Nacht soeben auf ihre geregelten Routen über den Himmel begeben hatten. Noch gibt es viel zu tun, damit die frische, junge Welt für Götter bewohnbar wird, also machen sie sich an die Arbeit:

> Die Götter trafen sich auf der Ebene Idavöll,
> hoch bauten sie Altäre und Tempel;
> sie stellten ihre Schmieden auf, schmiedeten kostbare Gegenstände,
> formten Zangen und machten Werkzeuge.
> *Weissagung der Seherin, Str. 7*

Sobald die Stätten vollendet sind, wo man sie einst anbeten wird, wenden sie sich dem Handwerk zu und nutzen die Fülle an wertvollen Metallen, die ihnen zur Verfügung steht. Ins Leben gerufen wird die Kultur – vielleicht zu denken wie in Wikingerstädten wie Birka in Schweden und Hedeby im heutigen Schleswig-Holstein – durch den

Bau von Kultzentren und Werkstätten. Außerdem stellen die Æsir Luxusgegenstände zur eigenen Verwendung her. Als ihre Arbeit getan ist, ruhen sie sich aus:

> Sie spielten Brettspiele auf der Wiese, sie waren fröhlich,
> an Gold fehlte es ihnen gar nicht,
> bis drei Oger-Mädchen kamen,
> übermächtige Frauen, aus Riesland.

Merken Sie sich dieses Brettspiel – später wird es noch wichtig. Das „bis" ist hier ebenso entscheidend wie rätselhaft, denn nach der Ankunft der Ogermädchen treffen sich die Götter – anscheinend zu einer Dringlichkeitssitzung – und entscheiden sich dazu, die Zwerge zu erschaffen, vermutlich um der plötzlichen Goldknappheit entgegenzuwirken. Denn Zwerge sind unterirdische Geschöpfe; unter der Erdoberfläche schaffen sie die goldenen Schätze, welche die Götter begehren – und für die diese zu zahlen bereit sind. Wie haben die Mädchen den Goldverlust verursacht? Ist das Gold in einem Brettspiel an sie verwettet worden? Hat jemand in einem Wutanfall das Brett

Tolkiens Zwergennamen

J. R. R. Tolkien entnahm für die meisten seiner Zwerge in *Der Hobbit* die Namen aus der Liste in der *Weissagung der Seherin.* Dvalinn, Óin und Glóin, Fíli und Kíli, Dori, Nori und Ori, Bifur, Bofur und Bombur haben alle ihre Gegenstücke unter den Teegästen des Hobbits Bilbo. Thorin Eichenschild, der Anführer, schlägt mit zwei Zwergennamen auf einmal zu Buche. Durinn und Thrain, ebenfalls überlieferte nordische Namen von Zwergen, finden sich unter seinen Vorfahren. In dem Gedicht erscheint als ein Zwergenname auch Gandálfr, ein Name, der „Stab-Elb" bedeutet und der, so erkannte Tolkien, viel besser als Name eines Zauberers funktioniert: Gandalfs des Grauen.

Die Zwerge beim Schmieden von Mjöllnir. Óðinns Speer Gungnir, Gullinbursti, der Eber, das Schiff Skíðblaðnir und der Ring Draupnir sind allesamt im Vordergrund zu sehen, während Þórr mit Wohlgefallen zusieht. Illustration von Elmer Boyd Smith (1902).

umgeworfen und dabei die Spielsteine verloren? Als die Riesin Skaði nach Ásgarðr kam, suchte sie eine Entschädigung für die Tötung ihres Vaters Þjazi. Auch die Ogermädchen haben vielleicht einen Ausgleich für den Tod ihres Ahnherrn Ymir verlangt, eines ist aber sicher: mit ihrer Ankunft ist das goldene Zeitalter vorbei.

Rasch werden die Zwerge geschaffen – Snorri berichtet uns, dass sie in der Erde Gestalt annahmen und wimmelten wie Maden im Fleisch, ein furchtbar plastisches Bild, und bedient sich des Katalogs von Zwergennamen in der *Weissagung der Seherin*, um sie alle aufzuzählen.

Die Zwerge leben entweder unter der Erde oder in den Felsen, und sie schmieden geschäftig Metall und machen kostbare Gegenstände. Einige der wichtigsten Kleinode der Götter sind Zwergenwerk, beispielsweise Freyrs faltbares Schiff Skíðblaðnir, die goldenen Strähnen der Sif, welche die von Loki geraubten Haare ersetzen, und Óðinns Speer Gungnir. Sie alle wurden von Zwergenbrüdern geschaffen, den Söhnen Ívaldis. Ein weiterer Zwerg, Brokkr, wettete mit Loki, er und sein Bruder könnten drei gleich gute Schätze machen; der Wetteinsatz war Lokis Kopf. Dieser Wettkampf war eine knappe Angelegenheit, denn Brokkr und sein Bruder schufen den goldborstigen Eber Gullinbursti, auf dem Freyr reitet (somit waren die Interessen der Vanir berücksichtigt), den Goldring Draupnir, der in jeder neunten Nacht acht gleich schwere Ringe aus sich herausfallen lässt (ein Geschenk für Óðinn), und Þórrs großen Hammer Mjöllnir. Loki tat alles, um die Herstellung zu sabotieren, indem er sich in eine surrende Pferdebremse verwandelte und die Handwerker stach. Diese schafften es aber, den lästigen Plagegeist zu ignorieren, ausgenommen bei der letzten Aufgabe, beim Schmieden von Mjöllnir. Die kurze Ablenkung reichte, damit der Stiel des Hammers eine Spur zu kurz wurde. Gleichwohl erklärte das Preisgericht der Götter, Mjöllnir sei ein derart hochwertiger Schatz zum Riesenverhauen, dass Brokkr der klare Sieger sei und Loki seinen Kopf herausgeben müsse. Der einfallsreiche Gott zog sich aus der Affäre, indem er verlangte, Brokkr dürfe zwar seinen Kopf nehmen, nicht aber seinen Hals, und da nicht einmal ein Zwerg geschickt genug war, das zu bewerkstelligen, wurde Loki ver-

Ritzzeichnung von Lokis Gesicht aus dem dänischen Snaptun (um 1000). Die Spuren der Stiche, die den Mund des Gottes verschließen, sind deutlich zu sehen.

schont. Doch Brokkr erreichte, dass stattdessen Lokis Mund vernäht wurde, damit er keine weiteren faulen Worttricks machen konnte, und seitdem hatte der Gott einen schiefen Mund. Und das ist ein Bild, das ganz und gar nicht unpassend für jemanden ist, den man als *rægjandi goðanna* (das „Lästermaul der Götter") kennt.

Eine sehr späte Geschichte aus dem 14. Jahrhundert, die auch andeutet, dass Freyja Óðinns Geliebte sei, erzählt, wie ein überaus begehrenswerter Schatz, das *Brisinga men* („Halsring der Brisinger"), in den Besitz der Göttin kam. Eines Tages geht Freyja an einem Felsen vorbei, wo einige Zwerge leben, und da sie bemerkt, dass die Tür im Felsen offen steht, geht sie hinein. Dort sieht sie, wie vier Zwerge, darunter der aus anderen Quellen bekannte Dvalinn, einen wunderbaren Halsring aus Gold fertigen. „Freyja mochte den Anblick des Halsringes wirklich", so der Erzähler, „und die Zwerge mochten wirklich den Anblick Freyjas." Die Göttin bietet Gold und Silber im Überfluss zum Tausch gegen das *Brisinga men*, aber die Zwerge sind unerbitt-

Freyja entdeckt die Zwerge beim Schmieden des Halsringes *Brisinga men.* Zeichnung Louis Huards (1891).

lich, was den Preis angeht. Freyja muss mit jedem von ihnen eine Nacht verbringen und dem stimmt sie widerstrebend zu. Nach vier Nächten gehört der Halsring ihr.

Óðinn fordert, dass Loki den Schatz für ihn stiehlt, und in Fliegengestalt summt Loki in Freyjas sonst unerreichbares Gemach. Sie schläft mit ihrer Neuerwerbung um den Hals und liegt auf dem Verschluss, also muss Loki, der sich jetzt in einen Floh verwandelt, sie sehr gut dosiert beißen, damit sie sich umdreht, aber nicht aufwacht. Freyja bewegt sich im Schlaf und schon bald ist das *Brisinga men* in Lokis Hand – und anschließend in Óðinns. Als Freyja zu Óðinn kommt, um sich über den Diebstahl zu beschweren und darüber, dass man in ihre sicher verschlossene Kammer eingedrungen ist (gewiss eine sexuelle Metapher), willigt Óðinn ein, ihr den Halsring zurückzugeben, unter einer Bedingung: Freyja muss den ewigen Konflikt zwischen zwei Heeren herbeiführen, der in der Überlieferung als die Hjaðningavíg (die „Schlacht der Hjaðninger") bekannt ist und in Kapitel 5 zur Sprache kommt. Freyja akzeptiert und bekommt den Halsring wieder. Diese späte Geschichte setzt zwei viel ältere Traditionen – Lokis Diebstahl des *Brisinga men* und die Hjaðningavíg-Schlacht – in einen neuen, christlich beeinflussten Rahmen. Der Konflikt soll bis zur *ragnarök* andauern, da Hildr, eine Frau, deren Name „Kampf" bedeutet, jede Nacht die Toten wiederbelebt; in der neuen Version weissagt Óðinn jedoch, dass er nur so lange währen wird, bis der große christliche König Óláfr Tryggvason von Norwegen nach Orkney kommt und dem Streit ein Ende macht.

Der größte aller Schmiede

So geschickt die Zwerge darin sind, magische Schätze für den Gebrauch durch die Götter zu schaffen, es gibt einen anderen Schmied – kein Zwerg –, der für seine Handwerkskunst so berühmt ist, dass sein Name in Skandinavien, Britannien und Deutschland bekannt ist. Völundr, Wieland der Schmied auf Deutsch, Wayland im Englischen, wird in dem eddischen Gedicht, das seine Geschichte erzählt, als

„Fürst der Alben" bezeichnet. Völundr heiratet ein Schwanenmädchen, eine von drei Schwestern, und schmiedet eine große Anzahl Ringe. Doch nach neun gemeinsamen Wintern fliegt die Schwanenbraut davon. Völundr zieht aus, sie zu suchen, und in seiner Abwesenheit durchwühlen König Níðuðrs Männer sein Heim und stehlen einen Ring. Bei seiner Rückkehr zählt Völundr die Ringe und glaubt, seine Frau müsse zurückgekehrt sein; arglos schläft er ein und Níðuðrs Krieger können ihn leicht gefangen nehmen. Völundr wird vor den König gebracht und die misstrauische Königin, welcher der zornige Glanz in den Augen des Gefangenen nicht gefällt, befiehlt: „Schneidet von ihm die Kraft seiner Sehnen ab / und steckt ihn hinterher nach Sævarstaðr!" (*Völundr-Lied*, Str. 17). Ebenso berichtet uns die mit Anspielungen gespickte altenglische Version von der Geschichte des Schmiedes, die das Gedicht *Deor* überliefert:

> Weland lernte unter Schlangen das Elend kennen,
> der halsstarrige Krieger erlebte eine harte Zeit,
> er hatte als Gefährten Leid und Verlangen,
> winterkalten Jammer, viele Übel fand er,
> nachdem ihm Niðhad unter Zwang,
> dem besseren Mann, feine Sehnenbande angelegt hatte.
> *Deor, Str. 1*

Völundr wird gelähmt, indem man die Sehnen an seinen Beinen durchtrennt, und auf einer Insel festgesetzt, wo er für seinen Entführer Sklavendienste tun und Schätze herstellen soll – Schmuck, Trinkgefäße, Waffen. Aber Völundr dreht den Spieß um. Die neugierigen Söhne des Königs machen die kurze Bootsfahrt zur Insel, sehen dem Schmied dort bei der Arbeit zu und bewundern den Schatz. Völundr fordert sie auf, heimlich wiederzukommen; als sie das tun, ermordet er sie und macht aus ihren Körperteilen Kunstgegenstände. Das im Altnordischen für „Schädel" benutzte Wort *skálar* ist ein Wortspiel mit dem Wort für „Trinkschalen" und außerdem mit dem für „Prost!" (skál) im heutigen Isländisch:

Der Schmied Völundr auf dem angelsächsischen Franks Casket aus dem 8. Jahrhundert. Der bärtige Schmied reicht Böðvildr einen Becher Bier. Unter der Schmiede liegt die Leiche eines von Böðvildrs Brüdern.

Er schnitt die Köpfe dieser jungen Welpen ab
und unter den Schlamm der Schmiede legte er ihre Glieder;
und ihre Schädel, die unter ihrem Haar waren,
fasste er in Silber, gab sie Níðuðr.

Und die kostbaren Steine aus ihren Augen
sandte er Níðuðrs verschlagener Frau;
und aus den Zähnen der beiden
schuf er runde Spangen, sandte sie Böðvildr.
Völundr-Lied, Str. 24–25

Böðvildr, die Schwester der Jungen, besucht Völundr ebenfalls und bringt ihm den Ring seiner Frau, den sie zerbrochen hat. Völundr verspricht, ihn auszubessern, verleitet sie aber auch zum Biertrinken und vergewaltigt oder verführt sie (hier ist der Text unklar), und als sie die Insel wieder verlässt, weint sie bitterlich. Irgendwie erlaubt der Besitz des Ringes Völundr die Flucht, und er fliegt davon, wobei er noch kurz eine Pause macht, um Níðuðr entgegenzutreten und ihm die schreckliche Wahrheit zu enthüllen. Im Altenglischen ist Beadohild (Böðvildr) eher von ihrer Schwangerschaft als vom Tod ihrer Brüder traumatisiert:

Für Beadohild war ihrer Brüder Tod
nicht so schmerzlich im Geist als ihre eigene Not,
als sie klar erkannt hatte,
dass sie schwanger sei; nie konnte sie
klar daran denken, was daraus wohl werden sollte.
Deor, Str. 2

Das eddische Gedicht endet damit, wie die schluchzende Böðvildr ihrem Vater alles gesteht; der spätere Saga-Bericht erzählt, wie Völundr (hier Vélent) mit einem Heer zurückkehrt, Níðuðr vernichtet und Böðvildr heiratet – ihr Sohn entpuppt sich als ein wohlbekannter germanischer Held. Die altenglische Geschichte schließt ihrerseits mit dem rätselhaften Refrain *þæs ofereode, þisses swa mæg* („das ist vorbeigegangen, ebenso kann auch dies vorbeigehen"). Der Dichter, der sich Deor nennt („der Teure" oder „Tier"), tröstet sich in seiner eigenen unglücklichen Lage durch den Gedanken, wie sich in der Vergangenheit Elend oft in späteres Glück verwandelt hat.

Die sogenannte Wayland's Smithy, ein jungsteinzeitliches Hügelgrab mit eingebautem Dolmen, gelegen direkt am Ridgeway in Oxfordshire.

Das Kästchen von Auzon

Das Walbeinkästchen aus dem 8. Jahrhundert, auch bekannt als Franks Casket, zeigt auf der Vorderseite Szenen aus dieser Legende. Eingerahmt von Rätselrunen, die sich auf das Material beziehen, aus dem die Kiste gemacht ist, bietet ein bärtiger Völundr mit krummen Beinen (weil die Sehnen durchschnitten sind) Böðvildr das verhängnisvolle Bier an, während ihre Dienerin teilnahmslos zusieht. Eine Leiche erkennt man unter der Schmiede, auf der Völundr mit der Zange einen Schatz bearbeitet. Was der Mann am rechten Bildrand tut, der anscheinend Vögel erwürgt, geht aus der englischen und eddischen Tradition nicht hervor. In einer späteren nordischen Prosaversion, der *Þidreks saga*, kommt der Bruder des Helden ihm zu Hilfe, und gemeinsam bauen sie ein Flügelpaar wie das des griechischen Erfinders Dädalus (Daidalos); das könnte erklären, weswegen Völundr auf einmal fliegen konnte.

Weland – so ist er im Altenglischen bekannt – wird zum Inbegriff für kunstvolles Handwerk; der *Beowulf*-Dichter lobt den Kettenpanzer seines Helden als *Welandes geweorc* („Wielands Werk“). In South Oxfordshire gibt es oben auf dem Ridgeway, einer sehr alten Straßenverbindung, ein neolithisches Kammergrab, das als „Wayland's Smithy“, die „Wielandsschmiede“, bekannt ist; laut der einheimischen Tradition konnte man dort sein Pferd und einen silbernen Penny zurücklassen, dann beschlug Weland es für einen.

Warum die Menschen Bäume sind

Die Götter wachen über eine Welt, die sie mit Zwergen, Riesen, Alben oder Elben (von denen wenig bekannt ist) und ein paar Monstern teilen, Letztere die Nachkommenschaft von Loki mit einer Riesin namens Angrboða. Bisher gibt es noch keine Menschen, niemand, der den Göttern opfern oder sie verlieren kann. Eines Tages gingen drei Götter, Óðinn, Hœnir und Lóðurr, draußen spazieren, vielleicht am Strand;

da fanden sie ein paar Stücke Holz, „fähig zu wenig / Askr und Embla, denen es an Schicksal fehlte". Die drei Götter übernehmen es, das Stück Eschenholz (*askr* heißt „Esche") und das andere Holzstück (die Bedeutung des Namens Embla ist ungeklärt, allerdings hat man ihn manchmal mit „Ulme" in Verbindung gebracht) in Form zu bringen. Die leblosen Hölzer werden mit dem versehen, was ihnen fehlt, um menschlich zu werden:

> Atem gab Óðinn, Geist gab Hœnir,
> Blut gab Lóðurr und die frische Gesichtsfarbe.
> *Weissagung der Seherin, Str. 18*

Die Identität von Lóðurr ist ungeklärt; diese Strophe ist die einzige Stelle, an der er erwähnt wird. Snorri spricht länger über die Gaben, mit welchen die drei Götter die ersten Menschen reich bedachten, bezeichnet die Schöpfer aber einfach als Söhne des Burr:

> Der erste gab ihnen Atem und Leben, der zweite Verstand
> und Bewegung, der dritte Gesichter, Sprechvermögen,
> Hören und Sehen; sie gaben ihnen Namen und Kleider.
> *Gylfis Täuschung, Kap. 23*

Manchmal hat man Lóðurr mit Loki gleichgesetzt, hauptsächlich auf der Basis der Alliteration. Hœnir wurde den Vanir als Geisel übergeben (siehe später), aber sonst ist sehr wenig über ihn bekannt. Vielleicht überrascht es, dass so unbedeutende Gestalten bei der Formung der ersten Menschen mitgeholfen haben, aber wie es scheint, gehören diese Gottheiten zur ersten Göttergeneration, also sind ihre Persönlichkeiten und Attribute vielleicht – wie im Fall der griechischen Götter, die den Olympiern vorausgingen – mit der Zeit verblasst. Außerdem trifft es zu, dass die erhaltenen nordischen Mythen an den Menschen nicht besonders interessiert sind. Ihnen begegnen die Götter selten, wenn auch Þórr sich ein paar menschliche Diener zulegt. Nur Óðinn mit seinem Projekt, Valhöll mit den *Einherjar*, den besten menschlichen Helden, zu bevölkern, damit sie zur *ragnarök* an der Seite der Götter kämpfen, hat viel mit ihnen zu tun. Óðinn erscheint ihnen als Ratgeber, warnt sie und verrät sie dann am Ende in ihrem letzten Kampf. Als Schutzherr der Weisheit reist Óðinn außerdem unter den Menschen umher und erwirbt verschiedene Arten von Wissen, die das Gedicht *Sprüche des Höchsten* versammelt. In diesem Gedicht wandert Óðinn allein durch die Menschenwelt und lernt Wahrheiten kennen, wie etwa den Segen, der in der Freundschaft liegt, und wie wichtig es ist, beim Essen und Trinken Maß zu halten. Sein Hang dazu, verkleidet zu reisen, erklärt seine Rolle in späteren christlichen Geschichten: als

Óðinn der Versucher

König Óláfr Tryggvason hält sich kurz vor Ostern in einer Halle in Nordnorwegen auf. Ein geheimnisvoller Fremder erscheint dort und hält den König bis spät in die Nacht mit Geschichten über die Könige und Helden der Vergangenheit wach. Der Bischof rät, es sei Zeit zum Schlafen, aber der König will noch mehr hören. Als er spät aufwacht und beinahe die Messe verschlafen hat, ist der Fremde verschwunden. Doch der König erfährt, der Mann sei, bevor er ging, in der Küche gewesen, habe unhöfliche Bemerkungen über die Qualität des Fleisches gemacht, das für das Festessen an Ostern bestimmt war, und ein Fleischstück dagelassen, das stattdessen serviert werden solle. Da der Fremde eine Geschichte von König Dixin erzählt hat, einem Herrscher aus ferner Vergangenheit, der eine heilige Kuh besessen hat und mit ihr begraben worden ist, wird angedeutet, das Fleisch stamme von dem seit 200 Jahren toten Tier. Eklig! Nun erkennt der König, dass der Versucher und Sagenerzähler kein anderer war als Óðinn, der ihn auf Abwege führen wollte, indem er in ihm Bewunderung für Gestalten der heidnischen Vergangenheit wecken wollte und versuchte, ihn die heilige Messe versäumen zu lassen.

Versucher, der fromme norwegische Könige aufsucht, um sie zu unchristlichem Verhalten zu verleiten.

Die Menschen vergessen nicht, dass sie ursprünglich aus Bäumen geformt worden sind. Dieses metaphorische Verständnis liegt einer Reihe von skaldischen Kennings zugrunde: regelmäßig bezeichnet man einen Mann mit Abwandlungen als „Baum der Waffen“ oder „Baum der Schlacht“. Die Walküre Sigrdrífa spricht den Helden Sigurðr mit „Apfelbaum der Schlacht“ an – was ganz passend ist, war doch ein magischer Apfel der Schlüssel zur Empfängnis eines von Sigurðrs Ahnen (siehe Kapitel 4). Helgi, der Hundingr erschlagen hat, wird als junger Fürst „die glänzend geborene Ulme“ genannt. Auch Frauen sind „Bäume“ oder „Goldstützen“ oder „Pfähle des Trankes“, was ihre Rolle als Spenderinnen von Gastlichkeit referiert. In der Skaldendichtung gibt es Kennings für Frauen wie etwa „die vorderste Birke des Meerfeuers“ (Meerfeuer = Gold) oder „die Wein-Eiche“. Die Schildmaid Brynhildr erscheint als „Halsreifbaum“. In der Heldendichtung nutzt Sigurðs Frau Guðrún diesen Topos kreativ, um ihr Elend nach der Ermordung ihres Mannes zu beschreiben: „Ich bin so klein wie ein Blatt / unter den Lorbeerweiden, nun da mein Fürst tot ist“; im weiteren Verlauf ihrer Geschichte beklagt sie, dass sie Verwandte verloren hat:

> des Glückes beraubt wie ein Baum seiner Blätter,
> wenn der Zweigbrecher an einem warmen Tag kommt.
> *Hamðir-Lied, Str. 5*

Bäume können sich zwar nicht bewegen, aber ihre Stärke und ihr gerader Wuchs, ihr Eingebundensein in die Jahreszyklen, dazu ihre Langlebigkeit und ihr schließlicher Tod durch Krankheit, Feuer oder die Axt des Holzfällers machen sie zu kraftvollen Vergleichsgegenständen für das menschliche Dasein. Bäume stehen für das, was die Menschen zu sein erhoffen: schön, würdevoll, stark und beständig. Die Tatsache, dass die Menschen gleichzeitig – als kleine Stücke vom Weltenbaum (siehe S. 67 [Nornen]) – auch Eschenreiser Yggdrasills sind, unterstreicht, wie eng die mythischen Baumkonzepte miteinander verbunden sind. Der große Baum, der wie wir anderen der Zeit und der Sterblichkeit unterliegt, breitet dennoch seine schützenden Zweige über Götter und Menschen, während die kleineren Bäume so wie Guðrún ihre Äste verlieren und schließlich fallen.

Die Ankunft der Vanir

Kaum sind die Götter, so scheint es, in Ásgarðr fertig eingezogen, da erscheint ein neuer Schwung Gottheiten auf der Bühne: die Vanir. Möglicherweise sind sie die ursprünglichen Lokalgottheiten Skandinaviens gewesen und die Æsir die Eindringlinge, die während der Bronzezeit zusammen mit den Indo-Europäern eintrafen, aber uns fehlen die Belege, um entscheiden zu können, wer nun in der nordischen Kultwelt

Gullveig wird von den Æsir mit Speeren gestochen und dreimal in Brand gesteckt. Zeichnung von Lorenz Frølich (1895).

die älteren Rechte hatte. In unseren Texten dagegen ist es ziemlich klar, dass die Æsir die vorherrschende Gruppe sind; die Geschichte der Götter ist „æsirzentrisch“.

Die von den Vanir ausgehenden Veränderungen kündigt das Erscheinen von Gullveig an, einer Frauengestalt, die irgendwie mit den Æsir über Kreuz gerät. Sie wird von Speeren durchbohrt und vom Feuer verzehrt:

> … in der Halle des Hohen verbrannten sie sie,
> dreimal verbrannten sie sie, dreimal wurde sie wiedergeboren,
> wieder und wieder, und noch immer lebt sie.
> *Weissagung der Seherin, Str. 21*

Gullveig („Gold-Flüssigkeit“) ist auch als „die Helle“ (Heiðr) bekannt, und in dieser Form soll sie Häuser aufgesucht und die Zauberpraktiken des *seiðr* gelehrt haben; deswegen war sie bei boshaften Frauen stets beliebt, so verrät es uns die *Weissagung der Seherin*. Wer ist diese nicht totzukriegende Frau? Aus anderen Quellen gibt es keine weiteren Nachrichten; wir können höchstens raten, dass sie eine Abwandlung von Freyja darstellt. Sie zählt nicht zu den Æsir, sie hat die Kraft der Wiederbelebung und sie kennt eine verbotene Art Magie – all das deutet auf die Hauptgöttin der Vanir hin. Das scheint auch Snorri zu folgern, denn er beschreibt Freyja in der *Ynglinga saga* als eine Gestalt, die sich geopfert hat und die Æsir in der unter den Vanir verbreiteten Zaubermethode des *seiðr* unterwiesen habe. Bald nach dem Rückschlag mit Gullveig finden wir die Æsir in einer Klausurtagung, wo sie überlegen, ob sie ihre Opfergaben mit anderen teilen sollen oder nicht. Der erste Krieg bricht los, als sie sich weigern, und Óðinn wirft einen Speer über die Streitmacht der Æsir hinweg, ein Akt, der sie unverwundbar machen soll. Aber wie Gullveig erweisen sich auch die Vanir als untötbar, also nehmen die beiden Seiten Verhandlungen auf. Man tauscht Geiseln aus und die drei Vanir, Njörðr und seine Kinder, leben am Ende dauerhaft bei den Göttern. Hœnir und Mímir werden umgekehrt nach Vanaheimr geschickt, aber ihr

Vor Beginn des Kampfes gegen die Vanir schleudert Óðinn seinen Speer über die Æsir hinweg, um den Göttern Unverwundbarkeit zu verleihen. Illustration von Lorenz Frølich (1893).

dortiger Aufenthalt ist kein Erfolg. Mímir sprach ständig in Ratsversammlungen dazwischen, während Hœnir bloß sagte: „Das sollen andere entscheiden“, wenn sein Gefährte nicht anwesend war. Die Vanir entschieden, dass sie bei dem Tausch schlecht abgeschnitten haben, köpften Mímir und schickten Hœnir mit dem Kopf zurück zu den Æsir. Óðinn behandelte ihn mit Kräutern, welche die Verwesung verhinderten, und mit Zauber; dadurch konnte der Kopf zu ihm sprechen und ihm von Verborgenem berichten.

Hœnir (dessen Name ihn merkwürdigerweise mit Hühnern verbindet) hat, wie wir sehen werden, in den erhaltenen Mythen noch einige kleine Auftritte. Mímirs Kopf scheint mit der Quelle unter Yggdrasill verknüpft zu sein, in der Óðinns Auge liegt, und von Zeit zu Zeit befragt der Gott den Kopf. Die Mythen nennen andere Gestalten mit dem Namen Mímr oder Hoddmímr; ob das Abwandlungen von Mímir selbst oder eigenständige Wesen sind, bleibt unklar. Kvasir ist ebenfalls einer der Vanir und auch er ist in den Geiselaustausch verwickelt; sein Schicksal beschreibt das nächste Kapitel. Die übrigen Vanir scheinen sich in ihrer neuen Umgebung gut einzurichten, legen

Seiðr: Geheime Riten

Wir wissen nur sehr wenig über *seiðr* als ein Inventar von Zauberpraktiken. Vielleicht war es eine Form der Geisterbeschwörung, die mit den nördlichen Nachbarn der Skandinavier, den Sámi („Lappen") verbunden war. Lokis Spott gegenüber Óðinn – „du schlägst eine Trommel wie Seherinnen" – legt Rituale des samischen Typs nahe. Üblicherweise üben Frauen seiðr aus: In der *Eiríks saga rauða* (der „Saga von Erik dem Roten") setzt sich eine Seherin, die ein Halsband aus Glasperlen und Handschuhe aus Katzenhaut trägt, nach einer Mahlzeit, die größtenteils aus Tierherzen besteht, auf eine spezielle Plattform; von rituellem Sprechgesang unterstützt, weissagte sie, wann die Hungersnot in diesem Teil Grönlands enden wird. Für männliche *seiðmenn* scheint das Anlegen von Frauenkleidern dazuzugehören; das ist besonders rufschädigend. Ein früher norwegischer König hatte keine Hemmungen, 80 solche Zauberer zu ertränken, indem er sie zur Strafe für ein Komplott gegen ihn auf einer Schäre aussetzte (einem niedrigen Felsen im Meer).

Die *seiðmenn* ertrinken auf der Schäre, auf die sie König Haraldr Schönhaar zur Hinrichtung geschickt hat. Halfdan Egedius (1899).

Njörðr, mit Seetang bekränzt, und Skaði, in Begleitung ihres Lieblingswolfs, diskutieren ihre Meinungsverschiedenheiten aus. Friedrich Heine (1882).

sich Paläste zu und füllen unter den göttlichen Aufgaben eine markante Fruchtbarkeitsnische. Njörðr ist der Schutzherr der Seefahrer und Fischer; der Beweis dafür findet sich in den Verschen, die Snorri als Bericht über den Zusammenbruch der Ehe zwischen ihm und Skaði aufgezeichnet hat:

Njörðr sprach:
Ich bin die Berge leid.
Ich war dort nicht länger
als neun Nächte;
das Heulen des Wolfes
erschien mir furchtbar
neben dem Gesang des Schwans.

Skaði sprach:
Ich konnte nicht schlafen
in den Betten am Meer
wegen des Vogelgeschreis;
die eine weckte mich
jeden Morgen
vom Meer her kommend: die Möwe.
Gylfis Täuschung, Kap. 23

In der Frage, wen sie heiraten dürfen, scheinen die Vanir ein Opfer von Diskriminierung zu sein. Wie es aussieht, heiratet Freyja einen sozial höherstehenden Mann; ihr Gatte ist eine schemenhafte Figur, einer der Æsir namens Óðr, vielleicht ein Doppelgänger Óðinns. Er ging auf eine lange Reise, und sie weinte Tränen aus Gold um ihn (ein beliebter Kenning für Gold in der Skaldenstrophe ist *grátr Freyju*, „Freyjas Tränen"). Freyr bleibt ohne Frau, bis er sich in die Riesin Gerðr verliebt (siehe Kapitel 3), und Njörðr schafft bloß diese wenig befriedigende Verbindung mit Skaði; Snorri erzählt uns, nach der Trennung hätten Skaði und Óðinn zahlreiche Söhne miteinander bekommen. Einer davon, Sæmingr, war der Vorfahr Jarl Hákons, eines wichtigen norwegischen Herrschers.

Dieses Kapitel hat die Welt dargestellt, in der die Götter leben, die Zwänge, unter denen sie tätig sein müssen, und den Raum, durch den sie sich bewegen. Im nächsten Kapitel treffen wir die anderen wichtigen Bewohner des norwegischen Kosmos: die Riesen.

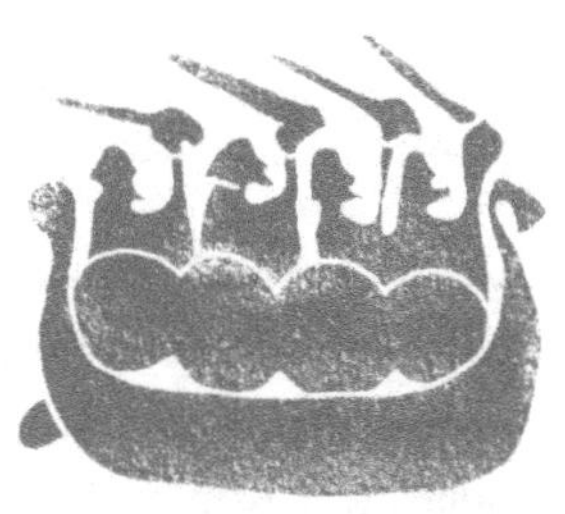

3 Verfeindete Mächte

Unser Bild vom Riesen stammt meist aus den europäischen Märchen: Wir stellen sie uns als ungeheuer groß, unbeholfen und hässlich vor und als nicht besonders helle. Während manche Riesen, die uns in Legenden begegnen, in dieses Märchenmodell passen, sind die Riesen des Mythos eine komplexe und vielschichtige Gruppe. Ymir muss wirklich richtig groß gewesen sein, wenn er das Material zum Bau des Universums hergeben konnte, andere Riesen stehen aber dem menschlichen (oder göttlichen) Maß näher; einige können ihre Größe sogar nach Bedarf verändern. Auch ihre Intelligenz sollte man nicht unterschätzen. Die Riesen haben im mythischen Universum den ersten Platz und verfügen über Schätze an Weisheit, die die Götter eifrig auszubeuten suchen. Außerdem besitzen sie Hinterlist und Doppelzüngigkeit, die sie in den Dienst ihrer langfristigen Ziele stellen, und nicht immer gehen die Götter aus diesen Erzählungen als Sieger hervor.

Die Riesen als das Andere

Im Altnordischen gibt es eine große Spannweite verschiedener Arten von Riesen – und von Bezeichnungen für sie. Jedoch ist nicht geklärt, ob diese Wörter auch systematisch verschiedene Riesentypen unterscheiden. *Þurs*, manchmal mit „Oger“ übersetzt, ist verwandt mit dem altenglischen Wort *þyrs*, jener Art dämonischem, durch Feuchtgebiete streifendem Menschenfresserwesen, dem wir im Epos *Beowulf* in

Gestalt Grendels begegnen; doch Grendels nördliche Verwandtschaft teilt diese Charakteristika nicht. Die Grenze zwischen „Troll“ und „Riese“ ist ausgesprochen verschwommen; manche Riesen haben drei oder mehr Köpfe und sind eindeutig als scheußlich und unattraktiv gedacht. Manche Riesinnen können hässlich, sexuell heißhungrig und düster sein; sie fallen Helden und Göttern gleichermaßen lästig und Þórr hat keine Hemmungen, sie mit seinem Hammer zu schlagen. In einem Preiswettbewerb mit seinem verkleideten Vater Óðinn erzählt Þórr eine seiner Taten:

> Ich war im Osten und ich kämpfte gegen Riesen,
> bösartige Frauen, die durch die Berge streiften;
> groß wäre das Riesenvolk, hätten sie alle überlebt;
> dann gäbe es keine Menschen in Miðgarðr.
> *Hárbarðr-Lied, Str. 23*

Þórrs Bevölkerungskontrolle durch Vernichtung, überall wo er Riesen antrifft, ist anscheinend wichtig; seine Abwesenheit wird in Mythen häufig dadurch erklärt, dass er gerade im Osten ist und gegen sie kämpft.

Nicht immer sind die Riesen so hässlich oder bedrohlich. Manche Riesenfrauen, etwa Skaði, sind zwar hitzig, können sich aber ein Stück weit in die Göttergesellschaft einfügen; Skaðis Zuständigkeit für Jagd und Skifahren deutet vielleicht Verbindungen mit dem hohen Norden Norwegens und den Sámi („Lappen“) an, die in den nördlichsten Gebieten von der Jagd, vom Fallenstellen und als Rentierzüchter lebten. Skaðis riesenhaftes Anderssein spiegelt vielleicht die Andersartigkeit der Sámi, deren Kultur sich stark von der nordischen unterschied und die mit ihren südlichen Nachbarn Handel trieben und ihnen Steuern zahlten. Gerðr, die Tochter des Riesen Gymir, gewinnt mit ihrer Schönheit und Ausstrahlung Freyrs Herz; der junge Gott sieht sie von Weitem und verfällt in Trübsal, bis seine besorgten Eltern (Njörðr und Skaði in ihrer Eigenschaft als Stiefmutter) einen seiner engsten Freunde, Skírnir, vorbeischicken, damit er Freyr darüber ausquetscht, weshalb er so schmollt. Skírnir, ein nicht näher gekennzeich-

Þórrs Kampf in Geirrøðrs Haus

Ein solcher Kampf ist belegt, und zwar ungewöhnlicherweise in Form eines Skaldengedichts. Mithilfe seines Fluggewandes ist Loki ins Gebiet des Riesen Geirrøðr geflogen und dort gefangengenommen worden. Um sich freizukaufen, verspricht Loki, er werde Þórr dazu bringen, in Geirrøðrs Haus zu kommen, und zwar ohne seinen Hammer Mjöllnir oder seinen Gürtel der göttlichen Kraft – es ist eine Falle. Zum Glück machen Þórr und sein Diener Þjálfi Zwischenstation im Haus einer Riesin namens Gríðr, und dort leiht sich der Gott ihren überzähligen Zaubergürtel, ihren Stab und ein paar eiserne Handschuhe. Das Wetter in den Bergen ist übel, der Fluss schwillt an und reißt die Reisenden beinahe mit. Sie begreifen, dass der Anstieg des Flusses darauf zurückgeht, dass eine von Geirrøðrs Töchtern gerade uriniert; Þórr wirft einen Stein zu ihr empor und „verstopft den Fluss an der Quelle", witzelt er. Bei Geirrøðr bringt man ihn in einem Gästezimmer unter, als er es sich aber auf einem Stuhl gemütlich macht, hebt der Stuhl sich bis an die Decke und droht ihn zu zerquetschen. Þórr nimmt den Zauberstab Gríðrs, um sich abzustützen, und drückt sich damit in den Stuhl hinein. Nicht nur rettet er dadurch sein Leben, er bricht auch den beiden Riesentöchtern den Rücken, die unter dem Stuhl versteckt sind. Als man Þórr dann in Geirrøðrs Halle ruft, schleudert der Riese ihm geschmolzenes, rot glühendes Metall entgegen, aber mit seinen praktischen Eisenhandschuhen fängt Þórr das Geschoss auf und wirft es gleich zurück – mitten durch eine Säule, hinter der sich der Riese versteckt, und auch durch den Riesen selbst. Wieder einmal hat Þórr gewonnen.

Þórr zerquetscht den Riesentöchtern von Geirrøðr den Rücken, als sie sich unter seinem Stuhl verstecken. Ernst Hansen (1941).

Freyr hält vom Hochsitz Hliðskjálf aus nach seiner geliebten Gerðr Ausschau, während sich hinter ihm sein besorgter Vater und seine Stiefmutter, Njörðr und Skaði, beraten. Zeichnung von W. G. Collingwood für eine Übersetzung der *Lieder-Edda* von 1908.

netes Wesen, dessen Name „Schimmerer" bedeutet und der für einen Teil von Freyrs Fruchtbarkeitsaspekt zu stehen scheint, wird mit Freyrs Zauberschwert ausgeschickt, um im Namen seines Herrn um die junge Frau zu werben. Gerðr heißt den Besucher höflich willkommen, ist von seiner Brautwerbung aber nicht angetan. Das Angebot des Zauberrings Draupnir und später von elf Äpfeln (vielleicht handelt es sich um Iðunns Äpfel der ewigen Jugend) zeigt keine Wirkung, auch nicht Skírnirs Drohung, er werde gegen Gerðrs Vater kämpfen. Erst als der Bote ihr einen langen, komplizierten Fluch androht, der wirksam wird, wenn man Runen in einen aus grünem Holz geschnittenen Stock einritzt, und Gerðr zu Unfruchtbarkeit, Nymphomanie, Elend und Grauen verdammen würde – und als Mann bekäme sie nur einen dreiköpfigen Riesen –, gibt Gerðr nach. Sie willigt ein, in neun Nächten ein Stelldichein mit Freyr zu haben, und Skírnir reitet mit der guten Nachricht nach Hause, worauf sich der ungeduldige Freyr prompt beschwert, dass er so lange warten soll.

Snorris Version dieser Geschichte macht eine kleine Romanze daraus; Freyr bekommt Gerðr von Óðinns Hochsitz Hliðskjálf aus zu Gesicht, und es wird nachdrücklich angedeutet, dass seine Leidenschaft eine Strafe für sein Eindringen in den Bereich des Götteranführers ist. Gerðr ist unstrittig bezaubernd: „ihre Arme schimmern und von ihnen / erhalten das ganze Meer und die Luft ihr Licht". Skírnir wird schnell losgeschickt und kehrt bald mit dem Ja-Wort der Dame zurück; von Widerstand ihrerseits und von dem Fluch ist keine Rede. Erzählt wird diese Geschichte in *Gylfis Täuschung* als Erklärung, warum Freyr kein Schwert hat, und mit dem Unterton, dass es eine Dummheit war, dieses Symbol kriegerischer Männlichkeit für nicht mehr als eine Frau einzutauschen – eine Fehlentscheidung, die Loki in seine Kritik an sämtlichen Göttern in *Lokis Streit* wieder ausgräbt. Wie soll Freyr bei der *ragnarök* kämpfen, zieht Loki ihn auf, nachdem er sein Schwert ja jetzt für Gymirs Tochter verschenkt hat?

Skírnir mit dem Zauberschwert in der Hand und Gerðr; sie hebt abwehrend die Hand und weist seine Anträge augenscheinlich zurück. Lorenz Frølich (1895).

Ob Gerðr sich nun einverstanden erklärte, Freyr zu heiraten, und wie Skaði ein Leben bei den Göttern begann oder ob das kostbare Schwert lediglich für eine Nacht sexueller Befriedigung eingetauscht wurde, wird hier nicht erzählt. Anderswo heißt Gerðr ausdrücklich Skaðis Frau und sie haben einen Sohn, Fjölnir, Ahn der schwedischen Könige. Dass sowohl Njörðr als auch Freyr am Ende Partnerinnen bekommen, die Riesinnen und keine Göttinnen sind, ist vielleicht, wie oben erwähnt, ein Verweis auf ihren Status, der im Vergleich zu den Æsir niedriger ist. Der Mythos von Freyr und Gerðr ist überzeugend als ein Natur- oder Fruchtbarkeitsmythos gedeutet worden; der Gott des Wachstums und der reichen Frucht muss sich mit der Erde paaren (Gerðrs Name bedeutet „eingehegter Ort, Feld" und ist mit *-garðr* in Miðgarðr und Ásgarðr verwandt). Wenn das Land fruchtbar sein soll, muss es sich der Umarmung des Gottes ergeben und sich seiner befruchtenden Berührung öffnen. Jedoch ist nicht klar, wieso Gerðr als Symbol für die Erde sich dem befruchtenden Strahl des Gottes (also Skírnir) überhaupt widersetzen soll oder weswegen man sie zur Unterwerfung zwingen muss. Die gegensätzliche Geschlechterpolitik des Mythos öffnet diesen für andere mögliche Lesarten. Denn zwar sind die Riesen stark mit der Natur und dem Chaos verknüpft, aber die Rolle, die sie hauptsächlich verkörpern, ist die des Anderen, des Entgegengesetzten, des Unterschiedenen. In dieser Rolle sind sie in die Welt der Götter eingebunden, nicht etwa vollständig außerhalb von ihr angesiedelt. Es herrscht viel Kommen und Gehen zwischen den Bereichen der Götter und der Riesen. Die Götter versuchen wie nordische Könige oder Großgrundbesitzer denen ihre Autorität aufzuzwingen, die sie als untergeordnet ansehen: sie befehlen, dass die Riesen die Höhergestellten bei Gastmählern bewirten und die Götter mit den verschiedenen Vorteilen bedenken, die man sich von ihnen erhofft.

Außerdem hat man den Mythos von Freyr und Gerðr, insbesondere die Beziehung zwischen dem Vanir-Gott und der Verwandtschaft der Riesenfrau, als politisch gelesen; die höher stehende soziale Gruppe versucht ein Bündnis mit der in der Hierarchie niedrigeren zu schließen und das Geschenk – es ist kein Tausch, das ist wichtig – einer

Frau soll diese Beziehung besiegeln. Aber diese Interpretation passt nicht wirklich auf das Gedicht, wie es uns überliefert ist. Freyr hat kein Interesse an Gerðrs Familie, auch keine strategischen Gründe, sich mit Gymir zu verbünden, indem er seine Tochter zur Frau nimmt. Stattdessen treibt ihn das Begehren, und die Taktiken, die sein Gesandter verwendet (erst Bestechung mit Geschenken, die anzubieten vielleicht gar nicht in Skírnirs Macht steht, dann Drohungen und schließlich Flüche), sind verstörend gewalttätig. Mir ist diese Geschichte immer als bestürzender Reflex der Spielregeln des Patriarchats erschienen. Der mächtige Mann sieht eine Frau, die er begehrt, und indem er das Zwangselement auf seinen Diener abschiebt, erreicht er, dass er bekommt, was er will, auch wenn sich die Frau weigert und sie als unabhängig und tatkräftig geschildert wird (sie verfügt über das Gold ihres Vaters und hat ihren eigenen Kopf). Da ist es vielleicht keine Überraschung, dass Snorri eine Version bietet, die sich im Rahmen konventioneller Romantik bewegt.

Kampf um die Kultur

Während des Krieges zwischen Æsir und Vanir hatten die Mauern von Ásgarðr erheblichen Schaden genommen. Hinterher stellt sich ein Baumeister vor und bietet an, binnen drei Jahreszeiten (das typisch nordische Zeitmaß beträgt ein halbes Jahr) die Festungsmauern auszubessern und uneinnehmbar zu machen. Zum Ausgleich verlangt er die Sonne, den Mond und Freyja. Die Götter kommen zu einer Sitzung zusammen und handeln ihn erfolgreich auf den Zeitraum eines einzigen Winters herunter, außerdem muss er die Arbeit ganz allein verrichten. Der Baumeister stimmt unter der völlig vernünftigen Bedingung zu, dass er die Hilfe seines Pferdes erhält, und der Handel wird abgeschlossen. Nun stellen Sie sich das Entsetzen der Götter vor, als Baumeister und Pferd Tag und Nacht schuften und die Mauern rasch über ihr Herrschaftsgebiet emporragen! Als nur noch drei Tage vom Winter übrig sind, scheint sicher, dass die Himmelskörper und Freyja verloren sein werden, es sei denn, jemand hat einen Plan – und Loki,

Óðinn reitet auf seinem achtbeinigen Pferd Sleipnir auf eine Frau zu, die ihm ein Trinkhorn reicht. Bildstein von Tjängvide auf Gotland.

dem man vorwirft, die Götter zur Annahme des ursprünglichen Abkommens überredet zu haben, wird der Tod angedroht, falls er keinen Weg finden kann, den Zeitplan des Baumeisters über den Haufen zu werfen. Loki verwandelt sich in eine Stute, die den hilfreichen Hengst des Baumeisters durch ein Wiehern und das Schütteln ihrer Mähne weglockt. Zwar verfolgt der Baumeister sein Pferd die ganze Nacht lang durch den Wald, aber der Zeitplan ist entscheidend beeinträchtigt. Daraufhin verfällt der Baumeister in „Riesenwut"; dadurchenthüllt er seine wahre Identität. Trotz der Sicherheitsgarantien, die dem Baumeister unter Eid gegeben worden sind, wird Þórr gerufen, und mit der Begründung, dass der Baumeister nicht der ist, der zu sein er vorgegeben hat, löscht der Gott den Riesen mit seinem Hammer aus. Acht Monate später gebiert Loki ein Fohlen: das achtbeinige Pferd Sleipnir, das Óðinn durch alle Welten trägt.

Der Mythos vom Baumeister

Die Geschichte vom meisterlichen Architekten, der übernatürlichen Gestalt, deren Können zwar gefragt ist, deren Preis aber unerträglich hoch ist und die am Ende um ihre Belohnung geprellt wird, ist ein internationales Märchenmotiv. Snorris Version ist ein extrem frühes Beispiel dafür. Im Märchen ist die Geschichte üblicherweise das Hauptthema; das Publikum soll zum cleveren Dienstleister halten, der am Ende kaum mehr als nichts bekommt. Sehr oft ist der Baumeister der Teufel in Verkleidung, und ihn zu betrügen, ist ethisch kein Problem. Richard Wagner verwendet die Erzählung in *Das Rheingold*, dem ersten Teil seines Opernzyklus *Der Ring des Nibelungen*. Wotan (das Äquivalent zu Óðinn) hat einen Handel mit den Riesen Fafner und Fasolt geschlossen, die ihm seinen neuen Palast Walhall erbauen sollen. Er hat versprochen, ihnen als Belohnung Freia zu geben, als aber die anderen Götter protestieren, handelt er mit den Riesen aus, ihnen stattdessen das Rheingold zu überlassen, und am Ende muss er sich vom Ring des Nibelungen trennen, den er dem zwergenartigen Alberich gestohlen hat. Alberich hat der Liebe abgeschworen, um so das Gold stehlen zu können, das den Rheintöchtern gehört, und dass Wotan den Schatz samt dem verfluchten Ring beschlagnahmt, ist zum Teil der Auslöser für die tragischen Ereignisse, die im Zyklus später folgen – einschließlich des Untergangs der Götter selbst.

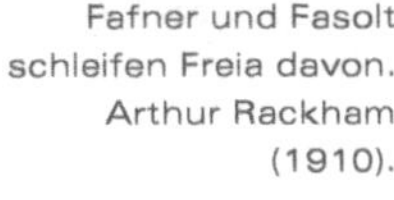

Fafner und Fasolt schleifen Freia davon. Arthur Rackham (1910).

Der geheimnisvolle Meisterarchitekt und sein Pferd errichten die Mauern von Ásgarðr. Robert Engels (1919).

Genau wie in Wagners Neudichtung sind die nordischen Götter schuldig geworden, denn sie haben dem Baumeister Eide geschworen und damit nicht nur seine Belohnung, sondern auch seine Sicherheit garantiert, solange das Werk in Arbeit ist. Dass diese Eide gebrochen werden – unter dem Verweis, dass der Erbauer ein „Bergriese" in Verkleidung war –, ist verstörend. Snorri stellt das moralische Problem in den Vordergrund und zitiert eine Strophe aus der *Weissagung der Seherin*:

> Die Eide brachen entzwei, Worte und Versprechungen,
> all die feierlichen Versprechen, die zwischen ihnen gewechselt
> waren.
> Þórr allein führte damals einen Schlag, geschwollen vor Wut.
> Selten sitzt er still, wenn er so etwas hört!
> *Weissagung der Seherin, Str. 26; Gylfis Täuschung, Kap. 42*

Die Götter werden als Eidbrüchige geschildert, womit sich Fragen moralischer Schuld ergeben, die sich durch die ganze göttliche Geschichte ziehen. Ist es erlaubt, feierliche Eide gegenüber Riesen zu brechen, selbst wenn dieser spezielle seine Identität verschleiert hat? Dieses Zerreißen eines Schwurs markiert den Beginn des Verfalls der Götter und führt, so hat man behauptet, unausweichlich zu ihrem Sturz. Das ist vielleicht zuviel an unterstellter Kohärenz und Kontinuität zwischen verschiedenen Mythen, die in ganz unterschiedlichen Kontexten aufgezeichnet wurden, aber auf jeden Fall sind in der *Weissagung der Seherin*, wie wir in Kapitel 6 sehen werden, die Ereignisse, die zur *ragnarök* führen werden, sorgfältig ausgewählt und in eine Reihenfolge gebracht, die stark nach Ursache und Wirkung schmeckt.

Einstweilen jedoch haben die Götter Oberwasser bekommen. Die Mauern von Ásgarðr sind nicht die einzigen Errungenschaften, die die Riesen zu bieten haben und die Götter begehren. Der kulturell zentrale Mythos vom Dichtermet berichtet von einem weiteren derartigen Schatz. Wieder einmal wird die göttliche Substanz dabei durch Gewalt und Verwandlung hervorgebracht und muss verschiedene Teile des mythischen Universums durchqueren, ehe sie in den Besitz von Göttern und Menschen kommt. Zur Zeit des Geiselaustauschs zwischen den Æsir und den Vanir spuckten beide Vertragsparteien in einen Kessel und aus dem Speichel wurde jemand namens Kvasir gemacht. Er war das klügste aller Wesen und reiste durch die Welt, um seine Weisheit zu lehren, bis er von zwei gemeinen Zwergen ermordet wurde. Sie versetzten sein Blut mit Honig, ließen es gären und brauten einen starken Met. Als die Götter sie wegen Kvasirs Verschwinden befragten, behaupteten die frechen Zwerge, das klügste Mitglied ihrer Runde sei an seiner eigenen Weisheit erstickt, weil niemand schlau genug gewesen sei, ihm Fragen zu stellen.

Als Nächstes laden die Mörderzwerge einen Riesen namens Gillingr ein, mit ihnen angeln zu gehen; sie kippen das Boot um und ertränken ihn. Auch seine Witwe ermorden sie, weil sie ihre Klagen um ihren Gatten satt haben, und so ist es an Gillingrs Bruder Suttungr, Rache zu üben: er rudert die Zwerge auf eine Schäre hinaus und droht, sie dort auszusetzen, sodass sie ihrerseits ertrinken. Mit dem Blutmet kaufen die Zwerge sich frei; Suttungr bringt die kostbare Flüssigkeit heim, füllt sie in drei riesige Vorratsgefäße und lässt sie von seiner Tochter Gunnlöð bewachen. Óðinn schmiedet einen raffinierten Plan, um den Met zu stehlen; er geht zum Haus von Baugi, einem weiteren Bruder Suttungrs, wo dessen Arbeiter gerade Heu mähen. Dort schärft er ihre Sensen mit einem magischen Wetzstein, und als sie alle erklären, den hätten sie gern, wirft er ihn in die Luft. In ihrer Eile, den Stein zu packen, schneiden sie sich allesamt gegenseitig die Köpfe ab. Das erlaubt es dem verkleideten Óðinn, ihre Aufgabe zu übernehmen, unter der Bedingung, dass Baugi ihm dabei hilft, vom Met seines Bruders zu trinken. Als die Arbeit getan ist, geht Baugi mit Óðinn zu Suttungr, doch der verweigert den Lohn. Mit der Hilfe des unwilligen Baugi treibt Óðinn mit einem Bohrer einen Gang in den Berg Hnitbjörg („Zusammenprall-Berg“), wo Gunnlöð und der Met zu finden sind, verwandelt sich dann in eine Schlange und schlüpft hinein. Dort verführt er Gunnlöð und schläft drei Nächte lang mit ihr, worauf er drei Schlucke vom kostbaren Met nehmen darf.

Nun leert Óðinn, als er trinkt, jedes Mal eines der drei Gefäße

Baugi und Óðinn graben sich mit dem Bohrer Rati in den Berg, um an Gunnlöð und den Dichtermet zu kommen. Isländische Handschrift des 18. Jahrhunderts.

bis zur Neige, verwandelt sich dann in einen Adler und fliegt davon. Suttungr merkt, dass er bestohlen worden ist, und verfolgt ihn ebenfalls in Adlergestalt. Die Æsir bereiten Gefäße vor, um den Met aufzufangen, den Óðinn dann auch hochwürgt, sobald er sicher hinter den Mauern von Ásgarðr ist, aber einen Teil des Mets scheidet er durch den Hinterausgang in Suttungrs Gesicht aus, um den Riesen abzulenken. Dieser Met fällt außerhalb der Hallen der Götter nieder und jeder kann ihn verzehren; heute, heißt es, ist er überall der Antrieb für schlechte Dichter. Durch seine ständigen Täuschungen und die Bereitschaft, Eide zu brechen, während er gegenüber anderen auf deren Versprechen besteht, gewinnt Óðinn eine große Gabe für Götter und Menschen. Diese Version ist der einzige vollständige Bericht darüber,

Óðinn betört Gunnlöð für einen Schluck des Dichtermets. Lorenz Frølich (1895).

wie der Dichtermet gewonnen wurde, aber eine Vielzahl von Kennings bezieht sich auf die Dichtkunst als das „Getränk der Zwerge", das „Meer von Óðrerir" (so heißt eines von Suttungrs Gefäßen) oder die „Beute Óðinns", wodurch die Einzelheiten des Mythos bestätigt werden.

In dieser Geschichte sind die Götter den anderen Bewohnern des Universums klar überlegen; die Gemeingefährlichkeit der Serienkiller-Zwerge, die Dummheit von Baugis Tagelöhner und die Leichtgläubigkeit der armen verführten Gunnlöð rechtfertigen allesamt, dass die

In Adlergestalt gibt Óðinn etwas Met von sich, um den Verfolger Suttungr aufzuhalten. Isländische Handschrift des 18. Jahrhunderts.

Óðinns Verrat an Gunnlöð

Im Gedicht *Sprüche des Höchsten* brüstet sich Óðinn mit diesem Abenteuer. Nachdem er den Bohrer verwendet hat, um sich seinen Weg in Suttungrs Hallen zu bahnen, und dabei sein Leben riskiert, beschwatzt er Gunnlöð, ihn den kostbaren Met trinken zu lassen: „eine schlechte Belohnung ließ ich sie haben im Tausch / für ihre Offenherzigkeit, / für ihren bekümmerten Geist", räumt er reumütig ein. Gunnlöðs Schönheit war billig erkauft; sie wurde von dem Gott verführt, der ihr vielleicht eine Verlobung versprach. Am Tag nach dem Diebstahl kamen die Frostriesen zu Óðinns Halle und fragten, was passiert war; wenn er „einen Ring-Eid geschworen hat, / wie kann man diesem Schwur trauen?" Óðinn sieht es so, dass die Sache das Lügen und Gunnlöðs Herzschmerz wert war, damit der Dichtermet zurück ans Tageslicht gebracht wurde. Zweifellos sieht Gunnlöð das anders.

Götter sich den Met aneignen. Ist doch besser, wenn die Dichter ihn verwenden, als dass er tief unter dem Stein in Suttungrs Hallen herumsteht. „Use it or lose it" ist eine gute Parole für den Umgang mit Kulturgütern; die Dichter, welche die Geschichte vom Dichtermet erzählen, sind geeint in der Überzeugung, dass der inspirierte Trunk besser aufgehoben ist, wenn sie ihn sich teilen.

Eine weitere Geschichte berichtet davon, wie die Götter von den Riesen einen gewaltigen Braukessel erwarben. Die Götter befehlen Ægir, dem Herrscher des Meeres, ein großes Festmahl für sie auszurichten, ein Verhalten, das königliche und aristokratische Bräuche in Skandinavien spiegelt. Könige und große Herren reisten nämlich mit ihrem Gefolge zwischen den Wohnsitzen derer herum, an die sie Land vergeben hatten, und erwarteten Bewirtung. Das teilte die Last, die Gefolgschaft des Königs zu ernähren, unter seinen Edlen auf und verbrauchte ihre Ressourcen statt seiner; außerdem konnte der König dadurch ein Auge darauf halten, was die Großen im Schilde führten: ob sie das Recht durchsetzten, Steuern ordentlich einzogen und weiterleiteten – oder ob sie Aufstände planten. Genauso erlegen die Götter Ægir die Verpflichtung zur Gastlichkeit auf. Auf seinen Einwand, dass er keinen Kessel hat, der groß genug wäre, um Bier für sie alle zu brauen, entgegnet Týr, dass sein Vater, der Riese Hymir, einen gewaltigen Kessel besitzt, und zusammen mit Þórr bricht er ins Riesenland auf, um ihn zu holen.

Týr und sein riesentötender Begleiter erreichen Hymirs Haus, wo Týrs Mutter, eine wunderschöne Frau „ganz in Gold gekleidet … mit schimmernden Brauen", sie herzlich begrüßt, aber ihre Sorge darüber, wie ihr Mann wohl auf seine Gäste reagieren wird, in Worte fasst. Im Gegensatz zu ihr hat Týrs Großmutter (vermutlich die Oma väterlicherseits) 900 Köpfe. Als Hymir dann heimkommt, verspricht er, dass er den Kessel ausleihen wird, falls einer seiner Besucher ihn wegtragen kann. Das ist das Stichwort für verschiedene Kraftproben. Týrs Mutter hat die beiden Götter gewarnt, sie sollten sich hinter einen Pfosten der Halle setzen, damit, wenn der zerschmetternde Blick ihres Mannes auf sie fällt, der Pfosten vernichtet wird und nicht sie. Nach-

Þórr-Figur aus Eyrarland auf Island.

dem Þórr zwei ganze Ochsen verspeist hat, nimmt ihn Hymir mit zum Angeln, um weitere Vorräte zu beschaffen; die Geschichte der Angeltour ist auf S. 112 zu finden. Þórrs Erfolg reizt den Riesen dazu, ihm eine weitere Aufgabe zu stellen: der Gott kann den Kessel mitnehmen, wenn er den Becher des Riesen zerschlagen kann. Den gegen die steinernen Säulen der Halle zu schmettern, führt nur zu weiteren Schäden am Gebäude, bis dann Týrs Mutter verrät, dass Hymirs Kopf der härteste aller Stoffe ist, und das Trinkgefäß erfolgreich zerstört wird. Nun darf Þórr den Kessel wegtragen, und zwar verkehrt herum über seinen Kopf gestülpt, sodass die Ringe am Kesselrand dem Gott um die Fersen klimpern. Weit sind die beiden Götter noch nicht gekommen, da stellen sie fest, dass Hymir und seine Scharen ihnen hinterhereilen. Þórr macht

Þórrs Fischfang

Nachdem Þórr seinem Gastgeber die Haare vom Kopf gefressen hat, beschließt Hymir, dass sie angeln gehen werden, um die Essensvorräte wieder aufzustocken. Provozierend reißt Þórr einem von Hymirs Stieren den Kopf ab, um ihn als Köder zu verwenden. Gott und Riese rudern hinaus auf den Ozean, weiter als zum Fischen üblich; zwar fängt Hymir zwei Wale, aber er ist nervös, weil sie so weit draußen angeln, und bringt dies auch zum Ausdruck. Doch Þórr hat hat seine Leine ausgelegt und kein geringeres Meereswesen als die Miðgarðschlange schluckt den Stierkopfköder. Das mächtige Ungeheuer wird aus dem Meer herausgezerrt: Gott und Schlange starren einander in einer kosmischen Pattsituation an. In einigen frühen Gedichten tötet Þórr die Miðgarðschlange auf der Stelle, aber andere Traditionen setzen voraus, dass das Geschöpf überlebt und bei der *ragnarök* gegen den Gott kämpft. Bildsteine zeigen, wie Þórr während des titanischen Zweikampfes manchmal seinen Fuß durch den Boden des Bootes stößt, während er die Leine gepackt hält, an deren anderem Ende das Monster um sich schlägt. Hymir ist von Þórrs kühnen Anglermanieren entsetzt, zückt ein Messer und kappt die Leine, sodass die Miðgarðschlange zurück in die Meerestiefe sinkt. In Snorris Version ohrfeigt Þórr Hymir dafür dermaßen, dass er über Bord geht und ertrinkt; inzwischen wartet die Schlange geduldig bis zur *ragnarök*.

Þórr angelt nach der Miðgarðschlange. Johann Heinrich Füssli (1788).

kehrt, stellt sich ihnen, vernichtet sie alle und trägt den Kessel heim. Das Gedicht schließt in triumphierenden Tönen: „und die Götter werden in Wonne trinken / Bier bei Ægir in jedem Winter“. Zum letzten Gelage, das Ægir ausrichtet, siehe Kapitel 6.

Die Geschichte von Hymirs Kessel fügt sich ins traditionelle Schema ein, dass die Götter den Riesen die Gegenstände wegnehmen, die sie brauchen, denn aus der Æsir-Perspektive führen sie den Kessel des Riesen schlicht einer besseren Verwendung zu. Eine gewisse Wehmut umgibt die Art, wie der Riese immer mehr verliert: sein Becher wird an seinem eigenen Kopf zerschlagen, sein Kessel wird beschlagnahmt und seine Frau macht gemeinsame Sache mit ihrem Sohn und dessen notorisch riesentötendem Gefährten, damit die geliebten Schätze ihres Mannes ergriffen oder vernichtet werden. Wie es kommt, dass Týrs Mutter mit einem Riesen verheiratet ist – und warum er, der mit Recht und Gerechtigkeit verknüpfte Gott, Rieseneltern haben sollte – ist unbekannt. Man hat vorgeschlagen, dass früher vielleicht Loki die Rolle Týrs in dieser Geschichte spielte; wenn das stimmt, wäre es nicht das einzige Abenteuer, in dem sich Loki und Þórr zusammentun, und Loki scheint ein Mischling aus Æsir- und Riesenblut zu sein. Faszinierend an diesem Gedicht ist die Eiseskälte Hymirs, der eine Personifikation der Kräfte des Winters darstellt. Eiszapfen klirren in seinem Bart, als er von der Jagd eintritt, und sein kalter Blick lässt zersplittern, was vor ihm liegt. Erst als seine Frau auf den Gesetzen der Verwandtschaft und Gastfreundschaft besteht, lässt sich Hymir wieder zur Beachtung der sozialen Normen bewegen, soweit es um seinen Sohn und den Gast geht, und es steckt ein gutes Stück Komödie im Entsetzen des Riesen, als Þórrs gewaltiger Appetit ihre Essensvorräte aufzehrt.

Seinerseits hat Þórr Spaß daran, seinen Gastgeber zu provozieren; dieselben Gesetze des Gastrechts, die Hymir binden, halten Þórr davon ab, den Riesen in seinem eigenen Haus zu töten, doch sobald Hymir das Abkommen bricht, den Kessel dem zu geben, der ihn heben kann, ist er rechtmäßige Beute für Mjöllnir. Ihn und die anderen „Lavawale“ (Hymirs Mitriesen) erledigt Þórr zügig.

Die Wiedergewinnung geraubter Schätze

Wir haben bereits gesehen, wie der Baumeister gerade noch rechtzeitig daran gehindert wurde, Besitz von der Sonne, dem Mond und Freyja zu ergreifen, womit er die Welt der Götter und Menschen beinahe in endlose Finsternis gestürzt hätte. Das ist nicht der einzige Gegenzug im Kampf um wichtige Schätze, den die Götter und Riesen austragen. Bei anderer Gelegenheit wird Loki von Skaðis Vater, dem Riesen Þjazi, gefangen genommen. Drei Götter – Loki, Óðinn und der rätselhafte Hœnir – waren vorher auf einer Reise, töteten einen Ochsen und begannen, ihn zu kochen. Aber das Fleisch wollte nicht gar werden und nach einer Weile merkten die verwirrten und hungrigen Götter, dass oben in der Eiche, unter der sie kochten, ein riesiger Adler saß. Er erklärte sich verantwortlich für den aufgehaltenen Kochvorgang. Loki griff nach einer großen Stange und stach damit nach dem Adler; der flog weg, aber die Stange und mit ihr auch Loki blieben an dem Vogel kleben. Loki wurde davongetragen und drohte sich ernsthaft die Schultern auszurenken, während er sich verzweifelt festklammerte. Um sein Leben zu retten, willigte Loki in die Forderung des Adlers ein (denn es handelte sich um den Riesen Þjazi in anderer Gestalt): Er werde Iðunn aus Ásgarðr hinaus- und in die Gewalt des Riesen locken. Indem Loki Iðunn erzählte, im Wald habe er einige Äpfel gefunden, die fast genauso aussähen wie ihre, und sie dazu brachte, dass sie ihre eigenen Äpfel zu Vergleichszwecken mitnahm, überredete er sie dazu, mit ihm zusammen Ásgarðr zu verlassen. Da stieß Þjazi auf sie nieder und flog mit Iðunn samt den Äpfeln davon.

Wieder einmal bekommt Loki, weil er die Götter in Schwierigkeiten gebracht hat, den Auftrag, die Sache in Ordnung zu bringen. Denn durch Iðunns Verlust haben die Götter keinen Zugang mehr zu den Äpfeln der ewigen Jugend und beginnen zu altern. Eine Ratssitzung ergibt, dass man Iðunn zuletzt in Begleitung Lokis gesehen hat; damit ist erwiesen, dass er in ihr Verschwinden verwickelt ist. In Freyjas Fluggewand aus Falkenfedern gehüllt, fliegt Loki zu Þjazis Halle, wo er die Abwesenheit des Riesen, der angeln ist, dazu nutzt,

In Adlergestalt hindert Þjazi das Essen der Götter am Garwerden. Aus einer isländischen Handschrift des 18. Jahrhunderts.

Iðunn in eine Nuss zu verwandeln. Mit ihr und den lebenswichtigen Äpfeln fliegt er davon. Als Þjazi seinen Verlust entdeckt, verfolgt er Loki in Adlergestalt; im Gebiet von Ásgarðr schütten die Æsir einen großen Haufen Holzspäne auf, und als der erschöpfte Loki knapp hinter der Mauer mit seiner Last vom Himmel fällt, kann der Adler so schnell nicht anhalten und fliegt über sein Ziel hinaus. Die Götter zünden nun die Holzspäne an und bald stehen die Federn des Adlers in Flammen. Als er seine Vogelgestalt aufgibt, töten die Götter ihn eilig. Þjazis Tod führt Skaði nach Ásgarðr, wo sie Wiedergutmachung fordert, was die Folgen hat, die wir schon in Kapitel 1 kennengelernt haben. Die Götter nehmen ihre übliche Obstdiät wieder auf und gewinnen schon bald ihre volle Kraft zurück.

Loki geleitet die arglose Iðunn zum Wald, wo Þjazi darauf lauert, sie zu entführen. John Bauer (1911).

Vier Damen unter den Lewis-Schachfiguren.
Die Stücke wurde im späten 12. Jahrhundert geschnitzt, wahrscheinlich in Skandinavien.

Das schlafende Heer

Die Schriftstellerin Francesca Simon, die auch die *Horrid-Henry*-Geschichten (*Henry der Schreckliche*) verfasst hat, veröffentlichte 2012 den Roman *The Sleeping Army*, in dem ein kleines Mädchen namens Freya in ein Horn der Wikingerzeit bläst, das im British Museum neben den Lewis-Schachfiguren liegt. Das zieht sie in die Welt der Götter. Freya muss Thors beiden menschlichen Helferlein zur Hand gehen (hier heißen sie Alfie und Roskva) und einem scharf riechenden Berserkerkrieger namens Snot („der Weise") dabei helfen, Iðunn und ihre Äpfel der Jugend aus der Hand der Riesen zu retten. Dabei lernt Freya viel über ihre eigenen Fähigkeiten und wird ein ganzes Stück erwachsener, während sie gegen die Zeit kämpft, um nicht nur die Götter vor dem Altern zu bewahren, sondern auch zu verhindern, dass sie und ihre Gefährten sich in Schachfiguren verwandeln und sich zu den anderen gescheiterten Helden in der Museumsvitrine gesellen – dem Schlafenden Heer des Buchtitels

Þórr als Dragqueen

Dieses mythische Schema, in dem die Riesen etwas in ihre Gewalt bringen, das für das Wohlbefinden der Götter unverzichtbar ist, wird in der *Þrymskviða* (dem *Lied von Þrymr*) persifliert. Eines Morgens erwacht Þórr und stellt fest, dass sein Hammer Mjöllnir fehlt; vor Schreck sträuben sich seine Barthaare und er lässt Loki kommen. Dieses eine Mal steckt Loki nicht hinter dem Diebstahl; bereitwillig leiht er sich Freyjas Federgewand und fliegt ins Riesland. Hier trifft er den Riesen Þrymr, der auf einem Grabhügel sitzt, mit dem Flechten von Lederleinen für seine mondänen Jagdhunde beschäftigt ist und seinen Pferden ordentlich die Mähnen stutzt – es handelt sich eindeutig um einen Riesen mit aristokratischen Anwandlungen. Ohne Weiteres gibt Þrymr zu, dass er den Hammer hat, und erklärt, er werde ihn nur dann zurückgeben, wenn er Freyja zur Braut bekommt. Mit dieser Botschaft eilt Loki nach Hause und geht zusammen mit Þórr zu Freyja. Charakteristisch taktlos teilen sie der Göttin ganz plump mit, sie solle gefälligst einen Brautschleier anlegen und sich bereitmachen, zur Hochzeit ins Riesland zu fahren. Diese Nachricht kommt bei Freyja nicht gut an:

> Furchtbar wütend war Freyja da und schnaubte vor Zorn,
> dass die ganze Halle der Æsir bebte;
> der große Halsreif der Brisinger fiel von ihr ab.
> „Ihr sollt wissen, dass ich die mannstollste unter allen Frauen bin,
> wenn ich mit euch ins Land der Riesen fahre."
> *Lied von Þrymr, Str. 13*

Zum Witz gehört natürlich, dass Freyja ja tatsächlich „die mannstollste unter allen Frauen ist", aber selbst für sie hört bei der Hochzeit mit einem Riesen der Spaß auf. Was tun? Die Götter versammeln sich zur Beratung und Heimdallr hat die großartige Idee, Þórr als Frau zu verkleiden und ihn an Freyjas Stelle loszuschicken. Þórrs vehementer Protest verhallt ungehört, denn wie Loki verdeutlicht, werden die

Þórr wird in Frauenkleider gehüllt, um bei der ‚Hochzeit' mit Þrymr als Freyja durchzugehen. Illustration von Elmer Boyd Smith (1902).

Riesen bald in Ásgarðr einziehen, wenn der Hammer nicht wiederbeschafft wird. Und so zieht man Þórr Frauenkleider an, inklusive eines Brautschleiers und eines Schlüsselbundes (Symbol der Vollmacht einer Ehefrau im Haus), der ihm am Gürtel hängt. Um es ganz authentisch wirken zu lassen, leiht ihm Freyja ihren Halsreif, das *Brisinga men.* Auch Loki hüllt sich in Frauenkleider und so bricht das Paar in Þórrs Ziegengespann auf

Inzwischen bebt Þrymr im Riesland vor freudiger Erwartung, lässt das Hochzeitsmahl vorbereiten und prahlt mit seinen Besitztümern:

Wie Þórr zu seinen Dienern kam

Þórrs Ziegen Tanngrisnir und Tanngnjóstr („Zähnemahler"; „Zähneknirscher") sind sehr nützliche Tiere. Sie ziehen nicht nur den Wagen des Gottes, sondern wenn er auf Reisen ist, kann er sie auch töten und aufessen – wenn er ihre Knochen anschließend auf ihre Felle legt, sind die beiden am nächsten Morgen wieder am Leben, bereit zur Weiterreise. Einmal übernachtete Þórr bei einem armen Mann namens Egill, der kein Fleisch zum Essen hatte. Þórr schlachtete die Ziegen und teilte das Fleisch mit der Familie, warnte aber, niemand solle die Knochen spalten, um ans saftige Knochenmark zu kommen. Als die Ziegen am nächsten Morgen wieder zusammengesetzt wurden, lahmte die eine auffällig und wütend fragte Þórr, wer ihm ungehorsam gewesen war. Der Sohn der Familie, Þjálfi, gestand und der zu Tode erschrockene Vater bot dem Gott als Wiedergutmachung seine beiden Kinder an. So kam Þórr zu seinen zwei menschlichen Dienern, Þjálfi und dessen Schwester Röskva; Þjálfi erscheint in mehreren Abenteuern, Röskva dagegen wird selten erwähnt.

> Goldgehörnte Kühe gehen hier durch den Hof,
> kohlschwarze Ochsen zu des Riesen Entzücken;
> zuhauf habe ich Schätze, zuhauf Reichtümer;
> nur Freyja schien mir zu fehlen.
> *Lied von Þrymr, Str. 23*

Eine völlig verschleierte Freyja setzt sich zum Hochzeitsschmaus und verblüfft ihren Bräutigam, indem sie „einen ganzen Ochsen, acht Lachse, / alle für die Frauen bestimmten Leckereien / ... [und] drei Fässer Met" verzehrt. Eilig erklärt Loki in der Rolle der Brautjungfer, die edle Dame habe seit acht Nächten nichts gegessen, so versessen sei sie darauf gewesen, ins Riesland zu kommen. Þrymr beabsichtigt, der Braut einen Kuss zu rauben; als er einen Blick unter den Schleier riskiert, erschrecken ihn die feuerroten Augen des Fräuleins. Geistesgegenwärtig beruhigt Loki, das komme von der Schlaflosigkeit aus Vorfreude auf die Hochzeit. Die Schwester des Riesen verlangt Geschenke von der Braut, dann endlich wird der Hammer gebracht, um den Ehebund zu segnen – vielleicht ein Verweis auf reale Hochzeitsrituale. Sobald Þórr seinen Hammer in der Hand hat, haut er die aufdringliche Schwägerin platt und massakriert alle übrigen Hochzeitsgäste, ehe er und Loki den Heimweg antreten. Wieder einmal ist Ásgarðr sicher und der Hammer zurück bei seinem rechtmäßigen Besitzer.

Zwar ist diese Geschichte wohl relativ spät zu datieren, wenn man sich ansieht, wie unernst die Götter behandelt werden. Þórr und Freyja sind in ihren Gefühlsausbrüchen gleichermaßen würdelos. Þórr wühlt hektisch nach seinem Hammer herum, ehe er nach Loki brüllt; Freyjas empörtes Schnauben und ihr wogender Busen sorgen dafür, dass ihr Lieblingsschmuck aufspringt und abfällt – und wir erinnern uns an den hohen Preis, den sie den Zwergen dafür entrichtet hat (siehe Kapitel 2). Þrymrs sozialer Snobismus wird von seiner Selbstzufriedenheit gekonnt untergraben – alles, was in seiner Preziosensammlung noch fehlte, war die Göttin der Schönheit und des Sex als Frau. Die Komik, dass der menschlichste aller Götter in Frauenkleider gezwungen wird, und Lokis eifrige Bereitschaft, gern ebenfalls als Frau aufgeputzt mitzukommen, verweist einerseits auf die Ambivalenz der Geschlechterrollen, die Loki und seine Gestaltwandlungen umgibt, andererseits auf die starken Kulturtabus – Crossdressing und andere Aktivitäten, die die Geschlechtergrenzen verwischen, besonders in Verbindung mit *seiðr*-Praktiken. Weniger empfindlich ist in dieser Hinsicht Óðinn; wie wir in Kapitel 6 sehen werden, ist er sich nicht zu gut für eine Verkleidung als Frau, wenn die Umstände das erfordern.

Þórrs Besuch bei Útgarða-Loki

Die detailreichste Geschichte über Þórrs Händel mit den Riesen erzählt uns Snorri ganz ausführlich. Eines Tages brechen Þórr und Loki auf dem Ziegenwagen auf, um Abenteuer zu erleben. Bei dieser Gelegenheit kommt Þórr auch zu seinen zwei Menschendienern (siehe S. 120) und am Abend darauf ist die Reisegesellschaft gerade in einem Wald. Vor ihnen steht eine Art Halle, also suchen sie dort Zuflucht, aber mitten in der Nacht bebt die Erde und die aufgeschreckte Gruppe drängt sich in einem Seitenraum der Haupthalle zusammen. Als sie am nächsten Tag aus der Halle treten, sehen sie daneben einen riesenhaften Mann am Boden liegen und schnarchen – die Ursache für das Erdbeben der vergangenen Nacht. Þórr will das Wesen gerade mit seinem Hammer schlagen, da erwacht der Mann. Er erkennt den Gott, spricht ihn mit Namen an und fragt: „Warum hast du mir den Handschuh ausgezogen?" Nun erkennen die verblüfften Reisenden, dass die Halle, in der sie die Nacht verbracht haben, der Handschuh des Riesen war und der Nebenraum der Daumen daran. Der Riese, der sich Skrýmir nennt, bietet sich als Begleiter an und zusammen setzen sie die Reise fort. All ihre Vorräte werden in einen Sack gesteckt, den Skrýmir trägt; am Abend schafft Þórr es nicht, ihn aufzuknoten und so ans Abendessen zu kommen, während der Riese gerade ein Nickerchen macht. Das frustriert den Gott dermaßen, dass er Skrýmir mit Mjöllnir so fest schlägt, wie er nur kann. Doch der Riese macht bloß die Augen auf, murmelt, es müsse wohl ein Blatt von der Eiche gefallen sein, unter der er gedöst hat, und fragt sich, ob sie schon ge-

Ein winziger Þórr schlägt den schlafenden Riesen Skrýmir; im Vordergrund liegt dessen gigantischer Handschuh. Friedrich Heine (1882).

gessen haben. Der geknickte Gott heuchelt, sie seien gar nicht hungrig, und versetzt mitten in der Nacht dem schlafenden Skrýmir einen zweiten Hammerschlag; nur eine Eichel, behauptet der Riese, als er davon wach wird. Ein dritter Angriff hat auch nicht mehr Erfolg.

Tags darauf trennt sich Skrýmir von der Göttergruppe, als sie gerade eine Riesenbehausung namens Útgarðr erreichen; deren Hausherr heißt (ebenfalls) Loki und hat seinen Beinamen von seinem Domizil. Skrýmir warnt seine neuen Freunde, in Útgarða-Lokis Haus nur nicht frech zu werden, denn verglichen mit den starken Männern in dieser Festung seien sie bloß Wickelkinder. Und tatsächlich sind die Bewohner der Halle eindrucksvoll groß. Útgarða-Loki heißt seine Gäste willkommen und lädt sie ein, zur allgemeinen Belustigung an mehreren Wettbewerben teilzunehmen. Als Erster ist Loki dran, der

Þórr ringt mit Útgarða-Lokis Katze. Frederik Richardson (1913).

sich zu einem Wettessen meldet. Zwar leert er seine Schale in Rekordzeit, aber sein Konkurrent Logi verzehrt nicht allein das Essen samt Knochen, sondern auch die Schale dazu. Eins zu null für die Riesen! Þjálfi rennt um die Wette gegen einen gewissen Hugi; der Junge schlägt sich gut, aber über drei Bahnen ist er eindeutig der Verlierer. Auch Þórrs Teilnahme an einem Trinkwettbewerb ist ein Bild des Jammers. Er wird aufgefordert, ein Horn voller Flüssigkeit zu leeren, das angeblich selbst der schwächste Trinker normalerweise in drei Zügen leeren kann. Aber sogar nach drei Riesenschlucken, bei denen Þórr schier die Lungen platzen, ist der Füllstand im Horn bloß um eine Winzigkeit gesunken. Jetzt zeigt Útgarða-Loki seine Verachtung, indem er den Gott zu zwei weiteren Großtaten einlädt: seine Katze hochzuheben und mit seiner alten Amme zu ringen. Ach, auch dabei schneidet Þórr nicht eindrucksvoller ab; bei der Katze bekommt er nur eine einzige Pfote vom Boden, während die Amme, Elli, ihn auf ein Knie niederzwingt. Vom schlechten Abschneiden des Teams völlig blamiert, wie sie sind, nehmen Þórr und seine Freunde trotzdem die angebotene Gastfreundschaft an und machen sich nach einem ausgezeichneten Frühstück bereit zur Heimkehr.

Útgarða-Loki begleitet sie ein Stück weit über seine Feste hinaus und enthüllt dann die Wahrheit über das, was passiert ist; nie wieder werde er den starken Gott unter sein Dach lassen, so gefährlich sei Þórr. Denn Útgarða-Loki und Skrýmir sind ein und derselbe; der Essenssack war mit Zauberschnur verknotet, der schlafende Riese zauberte einen Berg zwischen seinen Kopf und Þórrs Hammerschläge, wofür man den Beweis – einen Tafelberg, der jetzt drei viereckige Täler aufweist – in der Ferne sieht. Was den Wettkampf in Útgarðr angeht: Loki ist gegen das Feuer angetreten, das natürlich keine Mühe hatte, auch den Futtertrog zu verzehren, Þjálfi hat mit dem Gedanken um die Wette laufen müssen und das Trinkhorn war mit dem Ozean verbunden. Kein Wunder also, dass Þórr es nicht hat leeren können, allerdings erklären seine Bemühungen, den Wasserstand im Horn zu senken, die Existenz von Ebbe und Flut. Die schwarze Katze, das war niemand anders als die mächtige Miðgarðschlange persönlich, während Elli, die Amme, das Alter war, das früher oder später jedermann in die Knie zwingt. Nachdem Útgarða-Loki das mitgeteilt hat, verschwindet er samt der Halle, gerade als Þórr Mjöllnir hebt, um ihn zu vernichten.

Diese Geschichte mit ihren allegorischen Darstellungen von Feuer, Denken und Greisenalter legt nahe, dass Snorri eine ältere Erzählung erweitert hat, in der Þórr einem listigen Riesen mit einem gewaltigen Handschuh begegnet. In *Lokis Streit* (siehe später) zieht Loki den Gott damit auf, dass Þórr sich ängstlich im Handschuh verkrochen und den Vorratssack nicht aufbekommen hat; mindestens diese Elemente müssen überliefert gewesen sein. Eine sonderbare Einzelheit ist Skrýmirs Deckname Útgarða-Loki. Ist er in gewisser Weise ein Doppelgänger Lokis? Teilt sich der listige Gott in einen Anteil, der das

Hirn zu Þórrs Muskeln liefert, und einen klaren Riesenaspekt, der darauf aus ist, das Riesland gegen Þórrs Neigung, mit dem Hammer hinzulangen, zu verteidigen? Es ist ja eine Sache, Þórr zuzujubeln, wenn er alle Riesen-Hochzeitsgäste tötet, nachdem Þrymr ihm den Hammer gestohlen hat, oder Hymir und seine Truppen in Trümmer zu schlagen, nachdem dieser das Versprechen gebrochen hat, Þórr den Kessel zu überlassen, oder auch vom Hörensagen zu erfahren, dass er fern im Osten Riesen erschlagen hat. Aber es ist etwas ganz anders, ihn bereit zum Mord an einem Schlafenden zu sehen, der ihn nur in Verlegenheit bringen wollte, nicht aber ihm schaden. Þórrs Würde wird dadurch einigermaßen wiederhergestellt, dass er gegen übermächtige Naturkräfte angetreten ist. Doch als er sich vom Ozean, von jenem kosmischen Ungeheuer, das die Grenzen des geografischen Raums symbolisiert, und vom Alter besiegt weiß, reagiert er mit aufgebrachter Kleinlichkeit. Diese zwiespältige Charakterzeichnung Þórrs legt nahe, dass Snorri ihn nach Hinweisen aus älteren Geschichten in einem keineswegs schmeichelhaften Licht gezeichnet hat.

Þórr gegen Óðinn

Einen letzten Einblick in Þórrs Rolle innerhalb des mythologischen Systems bietet das schwungvolle Gedicht *Hárbarðsljóð* (*Hárbarðs-* oder „Graubartlied"). Auf dem Heimweg kommt Þórr an einen Fjord. Er ruft den Fährmann her, damit der ihn übersetzt, merkt aber nicht, dass der alte Mann auf dem Boot sein eigener Vater Óðinn in Verkleidung ist. Zu Þórrs Erstaunen beantwortet der Fährmann die Prahlerei des Gottes „Du sprichst hier mit Þórr!" mit Beleidigungen und eigenen Prahlreden. Die beiden Götter veranstalten ein *flyting*, einen fest geregelten Schlagabtausch aus Ansprüchen eigener Größe, deren Abweisung und Gegenbehauptungen. Wo aber Þórr sich rühmt, Riesen getötet zu haben, darunter Hrungnir und Skaðis Vater Þjazi, außerdem Berserkerfrauen und Riesinnen, da verweisen die Gegenreden des Fährmanns nicht auf entsprechende Heldentaten. Stattdessen hat Óðinn, wenn er die Wahrheit spricht, inzwischen schöne Frauen verführt. „Wie ist es mit ihnen gegangen?", erkundigt sich Þórr mit ziemlich neidischem Unterton. Óðinn antwortet:

> Wir hatten verspielte Frauen, wenn sie uns nur zugetan waren,
> wir hatten kluge Frauen, wenn sie uns nur treu waren,
> sie flochten ein Seil aus Sand
> und aus einem tiefen Tal
> gruben sie den Boden aus;
> nur ich war ihnen mit meiner Schläue überlegen.
> Ich schlief mit den sieben Schwestern
> und bekam von ihnen sämtliche Herzen und mein Vergnügen.
> Was hast du inzwischen gemacht, Þórr?
> *Hárbarðr-Lied, Str. 18*

Diese geheimnisvollen Frauen, die in Rätselbegriffen umschrieben werden, sind anscheinend eine Art Naturereignis und formen auf verschiedene Arten die Landschaft. Þórr antwortet mit der Behauptung, er habe Þjazis Augen hoch in den Himmel geworfen, wo ein Sternbild aus ihnen wurde, aber auch das beeindruckt seinen Vater nicht. Auf jede von Þórrs Taten antwortet Óðinn mit der Behauptung, ein Heer angeführt (obwohl er dabei persönlich nicht zu kämpfen scheint), Frauen verführt oder einen Konflikt angestachelt zu haben – eine traditionelle Rolle für den Gott, die ihm dabei hilft, die richtigen Rekruten für die *Einherjar* auszuwählen. Die ganze Prahlerei Þórrs hilft ihm nichts angesichts der Gleichgültigkeit Óðinns gegenüber den Ansprüchen auf Ruhm oder Ehre. Der ältere Gott äußert die interessante Behauptung: „Óðinn gehören die Edlen, die im Kampf fallen, / und Þórr gehört das Volk der Knechte!" (Str. 24) Þórr war der beliebteste Gott in Island und Norwegen, vielleicht weil er das Wetter lenkte, was für die entscheidend ist, die sich vom Land oder vom Meer ernähren, und auch für die, die vom Werk ihrer Hände leben. Dagegen ist Óðinn am engsten mit Aristokraten und Dichtern verbunden, eine Folge davon, wie er für sie den Met der Dichtkunst gewonnen hat; außerdem ist er der Beschützer der Könige. Das Gedicht endet damit, dass sich

Óðinn kategorisch weigert, die Fähre zu Þórr überzusetzen, und gleich noch behauptet, dieser werde feststellen, dass ihm seine Frau Sif untreu sei. All seinen Drohungen und dem lauten Wortschwall zum Trotz muss Þórr zu Fuß einmal um die Bucht herumgehen.

Damit zeigen viele wichtige Mythen Riesen und Götter im Kampf um den Besitz von Schätzen, die für die Herrschaft über den einen oder anderen Aspekt der Kultur stehen. Meistens behalten die Götter die Oberhand, aber auch die Riesen erringen einige Siege, und der beunruhigende Eindruck herrscht, dass sie eines Tages – am Tag der *ragnarök* – im Vorteil sein werden. Loki ist ihr Maulwurf bei den Göttern und nimmt eine sonderbare Zwischenposition zwischen Göttern und Riesen ein. Seine Geschichte (soweit wir sie kennen) und seine Rolle bis zum Eintreffen jener Ereignisse, welche die *ragnarök* ankündigen, werden später erzählt.

Der Zweikampf zwischen Þórr und Hrungnir

Hrungnir war ein Riese, den die Götter unklugerweise auf einen Schluck nach Ásgarðr einluden, nachdem er und Óðinn gegeneinander ein Pferderennen ausgetragen hatten. Der Riese betankt sich und begann zu prahlen, dass er Valhöll zerlegen und dann heim nach Riesland mitnehmen werde, außerdem werde er Ásgarðr zerstören und alle Götter töten, ausgenommen Freyja und Sif, die er ebenfalls mitschleppen wolle. Als Þórr nun zurückkehrte und in Valhöll einen Riesen im Rausch vorfand, war er außer sich, da Hrungnir aber unbewaffnet war, einigten sie sich darauf, anderswo einen Zweikampf auszutragen, nämlich an den Grenzen von Hrungnirs eigenem Reich. Hrungnir hatte ein Herz aus Stein und einen Schild aus dem gleichen Material. Sein Verbündeter war eine riesige Gestalt aus Ton namens Mökkurkálfi, ein Wesen, das unerschrocken gewesen wäre, hätte man ihm nur nicht das Herz einer Stute gegeben – das einzige Organ, das kräftig genug war, diesen mächtigen Körper anzutreiben. Als Hrungnir kampfbereit dastand, lief Þjálfi zu ihm hin und warnte, Þórr komme auf ihn zu – unterirdisch! Sofort stellte sich Hrungnir auf seinen Steinschild, nur um zu sehen, wie Þórr von Donner und Blitz umgeben auf seinem Wagen heranfuhr. Hrungnirs Lieblingswaffe war ein Wetzstein, und den schleuderte er nun auf Þórr; in der Luft zersprang der Stein an Mjöllnir und ein Splitter grub sich in Þórrs Schädel. Inzwischen fiel der waffenlose Hrungnir Þórrs Hammer zum Opfer und stürzte so zu Boden, dass sein Bein quer über dem Hals des Gottes lag. Ohne große Mühe erledigte Þjálfi inzwischen Mökkurkálfi. Doch es erwies sich als unmöglich, die Leiche des Riesen vom liegenden Þórr wegzuwälzen, bis schließlich Magni vorbeikam, Þórrs dreijähriger Sohn mit der Riesin Jamsaxa. Mühelos zog Magni das Bein von seinem eingeklemmten Vater weg und bedauerte, dass er den Kampf verpasst hatte, „denn ich hätte den Riesen mit meinen Fäusten zur Hel geschickt, wenn ich ihn getroffen hätte". Den Splitter des Wetzsteins aus Þórrs Schädel zu ziehen, war nicht leicht. Þórr bat eine Seherin, sie möge den Stein heraussingen, doch gerade während sie sang, erwähnte er zufällig, dass er den Mann der Frau, Aurvandill, über die giftigen Flüsse im Norden transportiert habe. Dabei war dessen Zeh erfroren und Þórr hatte ihn in den Himmel geworfen, wo er zum Morgenstern wurde. Diese Nachricht war so spannend, dass Gróa, die Seherin, ihre Sprüche vollkommen vergaß, und so steckt der Steinsplitter bis heute in Þórrs Schädel.

Weder Fisch noch Fleisch

Im Pantheon der Götter ist Loki eine verstörende Figur, die jeder Erklärung spottet. Es gibt keine Belege, dass er jemals angebetet wurde (die Listigen wählten lieber Óðinn als Beschützer), und er hat seinen Namen auch nicht einem Bauernhof, einem Berg oder anderen Geländemerkmalen gegeben. Es heißt, er sei der Sohn von Laufey und Fárbauti, einer Göttin und möglicherweise eines Riesen. Falls sein Vater ein Riese war, würde das sowohl Lokis Verhalten als Tabubrecher erklären (denn solche Beziehungen sind normalerweise verboten) als auch seine geteilte Loyalität. Loki wird zu den Göttern gezählt; er hat mit Óðinn Blutsbrüderschaft geschworen, und so leicht Óðinn viele Eide auch nimmt, dieses Band verleugnet er nie. Schon früh in der Geschichte der Æesir ist Loki unter ihnen, hilft ihnen, sich aus der Abmachung mit dem Baumeister herauszuwinden, und geht zusammen mit Óðinn und Hœnir auf Reisen, um zu sehen, was sich in der Welt so tut. Sein impulsives Benehmen auf einer dieser Expeditionen hat, wie wir bereits gesehen haben, zu seinem Verrat an Iðunn geführt, die er Þjazi in die Hände spielte; in Kapitel 4 werden wir erleben, wie ein beiläufiger Steinwurf Lokis auf einen schlummernden Otter eine lange Kette von Katastrophen nach sich zieht.

Die Vieldeutigkeit Lokis schließt ein, dass er ein Gestaltwandler ist und die Geschlechtergrenzen verwischt. Seine Paarung mit Svaðilfari, dem Pferd des Baumeisters, führt dazu, dass er Sleipnir zur Welt bringt, das beste aller Pferde. Eine rätselhafte Passage im Hyndluljóð („Hyndla-Lied") lautet:

> Loki aß etwas Herz, gebraten an einem Feuer aus Lindenholz,
> den Denk-Stein einer Frau, den er halb versengt fand;
> Loptr wurde von einer bösen Frau geschwängert,
> von der jede Ogerfrau auf der Welt abstammt.
> *Hyndla-Lied, Str. 41*

Loptr ist ein anderer Name für Loki; an dieser Stelle wird er zum Teil der Genealogie aller Riesinnen, weil er sich, verquer, wie er ist, ein weibliches Herz einverleibt. Das *Hyndla-Lied* ist eines der wenigen erhaltenen Gedichte, in denen Freyja auftritt; sie reitet aus, anscheinend auf dem goldenen Eber ihres Bruders, um die Riesin Hyndla („Hündchen") zu besuchen und ihr eine Reihe von Fragen über Herkunft und Stammbäume zu stellen. In Wahrheit ist der Reiteber Freyjas Protégé (und wahrscheinlich auch Geliebter) Óttarr, der seine eigene Abstammung aufsagen können muss, wenn er sein Erbe beanspruchen will. Zwar sträubt sich Hyndla, Freyja zu helfen (und wechselt mit ihr ein paar gesalzene Beschimpfungen), doch allmählich begeistert sie sich für die Sache und teilt mehr Informationen mit, als Óttarr eigentlich braucht – einschließlich Lokis Schwangerschaft als Ursprung der

Ogerfrauen. Das Gedicht endet mit Hyndlas missgestimmten Flüchen, während Freyja triumphierend erklärt, jetzt habe Óttarr Wissen genug, um mit seinem Widersacher, einem gewissen Angantýr, ums Erbe zu streiten.

Lokis Kinder

Zwei Söhne hat Loki von seiner Frau Sigyn, den je nach Quelle Váli (doch es ist unwahrscheinlich, dass dieser Sohn denselben Namen hat wie Óðinns spätgeborener Rächer für Baldr) oder Nari genannten und außerdem Narfi. Über ihr Schicksal berichtet Kapitel 6. Außerehelich jedoch zeugt Loki drei Kinder mit der Riesin Angrboða. Es sind Fenrir der Wolf, die Miðgarðschlange und Hel, die Göttin des Todes. Der monströse Nachwuchs jagt den Göttern Schrecken ein. Die Miðgarðschlange werfen sie hinaus in den Ozean, wo sie liegen bleibt und sich selbst in den Schwanz beißt. Hel mit ihrem Gesicht, das halb leichenbläulich ist und halb gesund-rosafarben, erhält die Herrschaft über das Reich Niflheimr („Nebelwelt") – den Ort, wohin die heroischen Toten kommen: Frauen, Kinder und alle Männer, die nicht im Kampf sterben.

Die Miðgarðschlange, Fenrir und Hel – Lokis Kinder. Willy Pogany (1920).

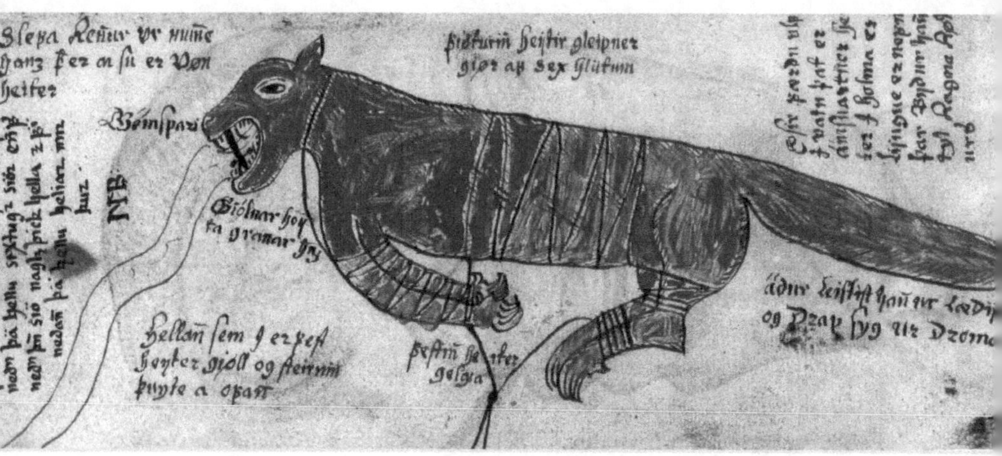

Der gefesselte Fenrir. Isländische Handschrift des 18. Jahrhunderts.

Fenrir der Wolf wird zwar in Ásgarðr großgezogen, aber bald schon frisst er den Göttern die Haare vom Kopf, und man beschließt, dass er an die Kette gelegt werden muss. Die Götter können keine Fessel finden, die stark genug ist, ihn zu halten, und nach mehreren gescheiterten Versuchen, an denen Fenrir viel Spaß hat, schließen sie einen Pakt mit den Zwergen, die eine magische Kette fertigen sollen. Geschmiedet ist sie aus sechs Zutaten – einige davon Unmöglichkeiten, so das Geräusch, wenn eine Katze die Pfote aufsetzt, der Bart einer Frau, die Wurzeln eines Berges, der Atem eines Fisches, und zwei gewöhnlichere, nämlich die Sehnen eines Bären und der Speichel eines Vogels – und das Resultat war weich, seidig und glatt. Fenrir merkt, dass an diesem scheinbar harmlosen Band etwas nicht stimmt, und verlangt ein Pfand, dass die Götter ihn wieder aus der Fessel lassen, falls er sie nicht zerreißen kann. Die Götter zögern schon, da tritt Týr tapfer vor und legt seine rechte Hand ins Maul der Bestie. Die Fessel wird um die Pfoten des Wolfs geschlungen und wird eisenhart, als er an ihr zerrt. „Jeder lachte da", sagt Snorri, „außer Týr. Der verlor seine Hand." Fenrir wird in eine Höhle gesperrt und ein Schwert wird ihm als Maulsperre zwischen Ober- und Unterkiefer geklemmt, sodass sein

Rachen stets offen steht. Geifer läuft ihm aus den Kiefern und bildet einen der großen Flüsse der Anderswelt, und dort wartet Fenrir auf das Ende der Zeit, das Nahen der *ragnarök*.

Mehr über Loki und seine spezielle Rolle in den Ereignissen vor dem Ende der Welt steht in Kapitel 6 zu lesen. Im folgenden Kapitel wenden wir uns einigen menschlichen Helden der nordischen Legenden zu: den Gestalten, die in der heroischen Dichtung der zweiten Hälfte des *Codex Regius* besungen werden. Es sind Völsungr, dessen Sohn Sigmundr und seine Nachkommen, würdige Bewohner für Valhöll.

Lokis monströser Nachwuchs

Lokis Kinder stehen für die metaphysischen Grenzen der geschaffenen Welt. Fenrir verwirklicht die Kräfte der Zeit; seine Verwandtschaft hetzt über den Himmel, der Sonne und dem Mond auf der Fährte, mit hängender Zunge und aufgerissenen Rachen. An jenem großen Tag werden sie die Himmelskörper völlig verschlingen. Die Miðgarðschlange markiert die Außengrenze des bekannten Meeres; das auch Alle-Länder-Umgürterin genannte Wesen hält in seinem geschlossenen Kreis die Welt zusammen. Und Hel, die Personifikation des Todes, ist, wie wir später noch sehen werden, eine aufmerksame Gastgeberin und begrüßt die Toten in ihrer Halle, die sie nie wieder verlassen können. Sie ist der Archetypus all jener verlangenden und verlockenden schicksalhaften Frauenfiguren, die wir schon in Kapitel 2 sahen und die darauf warten, Männer in ihre ewige Umarmung zu schließen.

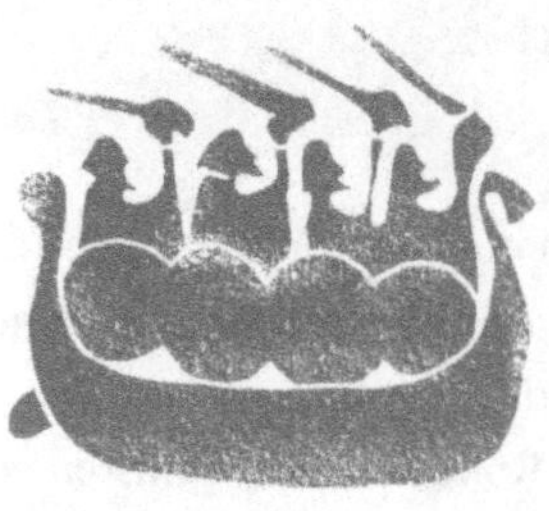

4 Reif für Valhöll: Menschliche Helden

Unter allen Göttern sind Óðinn und Þórr diejenigen, die anscheinend am häufigsten von den Menschen angerufen werden, zumindest in den uns erhaltenen Texten. Da die Heldendichtung für die soziale Elite geschrieben ist, überrascht es nicht, dass Óðinn in ihr hauptsächlich als Ahnherr von Königen und Beschützer von Helden erscheint. Das Gedicht *Grímnismál* („Aussprüche Grímnirs") zeigt, wie er seine Weisheit bravourös zur Schau stellt; man foltert ihn, indem man ihn zwischen zwei Feuer setzt und ihm acht Nächte lang weder zu essen noch zu trinken gibt. Der Königssohn Agnarr bietet ihm ein volles Trinkhorn an, eine Geste, die Óðinn jäh dazu bringt, seine Identität und Macht zu offenbaren. Aber wie ist er überhaupt in diese Situation geraten? Der (wahrscheinlich viel jüngere) Prosatext, der das Gedicht einleitet, berichtet, wie Óðinn und Frigg als Zieheltern für die beiden Söhne von König Hrauðungr fungierten. Die beiden Jungen fuhren einst zum Angeln aus und trieben dabei ab, bis das Land außer Sicht geriet. Zurück an Land kamen sie in Höhe eines kleinen Bauernhofs. Hier kümmerte sich eine alte Frau um Agnarr, den älteren der Jungen, und ein alter Mann nahm den jüngeren Geirrøðr in Pflege. Diese beiden Personen nun waren die Gottheiten in anderer Gestalt, und im nächsten Frühjahr fand der alte Mann ein Boot, schickte die Jungen darin nach Hause und flüsterte vor dem Abschied etwas in Geirrøðrs Ohr. Als sie in der Heimat ihres Vaters landeten, sprang Geirrøðr als Erster an Land und gab dem Boot mit seinem Bruder darin einen kräftigen Stoß, damit es auf See trieb, mit den Worten: „Fahr dahin, wo der Troll dich haben will!" Und weg war das Boot. Agnarr war verschwunden.

Als Óðinn und Frigg später auf dem Hochsitz Hliðskjálf sitzen und auf die Welten blicken, kann Óðinn der Verlockung nicht widerstehen, sich ein bisschen in Szene zu setzen. „Schau!", sagt er, „da ist *dein* Ziehkind und zieht mit einer Ogerfrau Kinder in einer Höhle groß. Und da ist *mein* Kind und herrscht über sein Königreich." Frigg pariert damit, dass Geirrøðr ein miserabler König sei; er geize derart mit dem Essen, dass er seine Gäste foltere, wenn er meine, es seien zu viele da. Dem muss Óðinn natürlich auf den Grund gehen. Frigg sendet ihre Dienerin Fulla zu Geirrøðr, die ihn warnt, ein Zauberer komme ihn besuchen. Prompt lässt Geirrøðr den Besucher ergreifen und foltern. Am Ende von Óðinns machtvollem Monolog gibt der Gott sich endlich zu erkennen:

> Holen wird der Furchtbare nun
> den waffenmüden, erschlagenen Mann;
> ich weiß, dass dein Leben vorüber ist;
> die *dísir* sind gegen dich, jetzt sollst du Óðinn sehen,
> komm mir nahe, wenn du kannst!
> *Aussprüche Grímnirs, Str. 53*

In seiner Eile, den Gast aus der Zwangslage zu retten, stolpert Geirrøðr, fällt in sein Schwert und stirbt. Agnarr, der Sohn, der nach dem von Geirrøðr verratenen Bruder benannt ist, besteigt den Thron.

Als Gott des Königtums muss Óðinn sicherstellen, dass ein Herrscher die wichtigen Gebote der Gastlichkeit erfüllt. Doch außerdem bestätigt seine Rolle in dieser kleinen Geschichte, dass Trug und Geistesgegenwart entscheidend sein können, will man sich den Thron sichern. Zwar besteht der Autor des Prosatextes darauf, dass die Anklage gegen Geirrøðr absolut haltlos gewesen sei, vielmehr sei die Misshandlung des Gottes das Ergebnis von Friggs Verleumdung gewesen; dennoch, dass Geirrøðr seinen Gast foltert, Zauberer hin oder her, stellt das Urteilsvermögen des Königs sehr wohl infrage.

Frigg und Óðinn sitzen auf dem Hochsitz Hliðskjálf. Frigg holt gerade Punkte gegen Óðinn, indem sie erklärt, dass sein Schützling, König Geirrøðr, geizig zu seinen Gästen ist. Lorenz Frølich (1895).

Festzustehen scheint, dass der böse Streich, den Geirrøðr seinem Bruder gespielt hat, von Óðinn angeregt war, dass aber das Schicksal – oder das Eingreifen der Götter, die ihr eigenes Spielchen miteinander spielen – am Ende einen zweiten Agnarr auf den Thron bringt. Dieser Agnarr steht in Óðinns Gunst, denn dass er dem Gott das gefüllte Trinkhorn gegeben hat, ist letztendlich ein Opfer, eine stillschweigende Anerkennung von Óðinns Status, und Agnarr herrscht nach seinem Vater für lange Zeit.

Das Völsungengeschlecht und das Schicksalsschwert

Jene Dynastie, um deren Geschichte es in diesem Kapitel geht, die Völsungen, verdankt Óðinn sogar ihre Existenz. Laut der Saga um sie (wahrscheinlich um 1250 niedergeschrieben) war das älteste Mitglied des Hauses ein Mann namens Sigi, von dem es hieß, er sei Óðinns Sohn. Nach dem Mord an einem Leibeigenen wurde Sigi geächtet; Óðinn richtete es so ein, dass Sigi mehrere Kriegsschiffe bekam, und so begann er eine Serie von Überfällen. Er machte ein Vermögen, eroberte sich ein Königreich und heiratete. Am Ende verschworen sich Sigis Schwäger gegen ihn und ermordeten ihn, während sein Sohn Rerir auf Reisen war. Rerir kehrte zurück und erschlug alle, die in den Tod seines Vaters verwickelt waren. So zogen sich Verwandtenmord und Verrat von Anfang an durch das Geschlecht der Völsungen.

Als seine Tochter Signý erwachsen ist, arrangiert Völsungr eine Ehe zwischen ihr und König Siggeirr von Gautland in Südschweden. Während des Hochzeitsfestes betritt ein einäugiger alter Mann Völsungrs Halle, mit einem Hut, den er sich tief ins Gesicht gezogen hat, und einem blanken Schwert in der Hand. Das stößt er in den großen Baum Barnstokkr, der mitten in der Halle wächst, und die Klinge dringt bis zum Heft hinein. Der Mann verkündet, dass der das Schwert haben soll, der es aus dem Stamm ziehen kann: kein besseres Schwert

Der Zauberapfel

Dynastien hängen von ihrem Erfolg bei der Fortpflanzung ab und die Frau von Sigis Sohn Rerir schenkte ihm kein Kind. Frigg bat Óðinn, ihnen zu helfen, und er schickte eine Walküre mit einem magischen Apfel aus, den Rerir und (vermutlich) die Königin sofort verzehrten. Schwanger wurde sie, aber dieser Zustand hielt sechs Jahre an! Dann starb die Königin und brachte durch Kaiserschnitt einen gut gewachsenen Sohn zur Welt. Das war Völsungr, der als Erwachsener ausgerechnet jene Walküre heiratete, die seine Empfängnis beaufsichtigt hatte: Hljóð; sie schenkte ihm nicht weniger als zehn Söhne und eine Tochter. Die jüngsten dieser Geschwister waren Zwillinge: ein Junge namens Sigmundr und ein Mädchen, Signý.

Óðinn stößt in Völsungrs Halle das Schwert in den Baum Barnstokkr. Emil Doepler (1903).

Das Schwert im Baum

In dem geheimnisvollen Fremden, der das Schwert in den Baum in Völsungrs Halle versenkt, erkennen wir Óðinn. Er macht der nächsten Generation seiner Nachkommen ein Geschenk – so kann man die Handlung positiv deuten. Oder aber er ist gekommen, um Unheil zu stiften und herauszufinden, wer unter den zehn Söhnen Völsungrs das Zeug hat, das Geschlecht fortzusetzen. Die Zentralposition des Baumes erinnert uns an den Weltenbaum Yggdrasill, der so durch die Mitte der Welten wächst, wie Barnstokkr durch Völsungrs Halle. Der Name des Baumes, „Kind-Stamm", unterstreicht diesen Teil des genealogischen Interesses der Saga am Fortgang der Dynastie, vom aufbrausenden, arroganten Sigi zu Völsungr und seinen Söhnen, von Heroen, die auf magische Weise von Göttern und Walküren geboren werden, zu menschlicheren Helden, die allerdings immer noch auf etwas abseitige Weise empfangen werden.

werde ihm je in die Hand kommen.

Wie das Schwert im Stein in der Artussage kann auch diese Waffe nur durch Óðinns Auserwählten herausgezogen werden; als der entpuppt sich Signýs Bruder Sigmundr. Sein frisch gebackener Schwager Siggeirr bietet für das Schwert dessen dreifaches Gewicht in Gold, aber Sigmundr lehnt ab: wäre das Schwert für Siggeirr bestimmt, hätte es dessen Zerren nachgegeben. Einstweilen lässt Siggeirr die Sache auf sich beruhen, aber wir merken, dass sich Unheil zusammenbraut. Nicht lange danach trifft eine Gegeneinladung für Völsungr und seine Söhne ein, sie mögen Siggeirr und Signý in Gautland besuchen kommen, doch das ist eine Falle. Siggeirr fällt über die Verwandten seiner Frau her; Völsungr wird getötet und die Brüder werden gefangen genommen.

Verzweifelt sucht Signý ein Mittel, um die Hinrichtung ihrer

Der gefesselte Sigmundr beißt der Wölfin in die Zunge. Willy Pogany (1920).

Brüder durch ihren Mann zu verhindern, und bittet, dass sie, an Holzblöcke gefesselt, im Wald ausgesetzt werden, während sie einen Rettungsplan zu schmieden sucht. Doch in jeder Nacht, die vergeht, erscheint eine riesige Wölfin (manche sagen, es war Siggeirrs verwandelte Mutter, die hexen konnte) und verschlingt einen der Brüder, bis nur noch Sigmundr übrig ist. Inzwischen weiß Signý, was sie zu tun hat. Sie schickt einen Diener aus, der ihrem Zwillingsbruder Honig bringt; den schmiert er sich ins Gesicht und wartet so auf die Wölfin. Statt ihn zu zerreißen, beginnt sie ihm den Honig abzulecken. Sigmundr ergreift die Gelegenheit: Er reißt den Mund auf, beißt der Wölfin fest in die Zunge und reißt sie heraus. In ihrer Qual zerschlägt die Wölfin den Fesselblock und stirbt. Sigmundr entkommt in die Tiefen des Waldes.

Rache, Inzest und Werwölfe

Allein gegen alle Krieger Siggeirrs hatte Sigmundr keine Chance, Rache zu nehmen. Zwar hatte Signý von ihrem verhassten Mann zwei Söhne, aber als sie sie auf die Probe stellte, ergab sich, dass beide zu schwach waren, um sich mit ihrem Onkel zu verbünden, und sie kamen später um. Signý gab die Hoffnung auf, noch einen würdigen Rächer zu gebären. Sie tauschte ihr Äußeres mit einer wandernden Zauberin, suchte Sigmundr in seinem unterirdischen Versteck auf und schlief mit ihm, während die Zauberin bei Siggeirr blieb. So brachte Signý ein Kind zur Welt, das auf beiden Seiten ein Völsunge war: Sinfjötli. Mit Leichtigkeit bestand er die Prüfungen seiner Mutter und seines Onkels und lebte fortan bei Sigmundr. Dermaßen hart war Sinfjötli, dass er und sein Vater eine Zeit lang sogar als Werwölfe lebten, nachdem sie in den Wäldern einige Felle mit Verwandlungskraft

Die Prüfung Sinfjötlis

Bevor Signý Sinfjötli zu Sigmundr schickte, nähte sie ihn in sein Hemd ein, stach dabei die Nadel aber durch Fleisch und Stoff. Dann riss sie ihm das Hemd vom Leib und fragte, ob es schmerzte. „Großvater Völsungr hätte nicht gedacht, dass das schmerzte", antwortete der Junge stolz. Signý fasste neuen Mut und schickte ihn zu Sigmundr in dessen Waldversteck. Sigmundr gab ihm einen Sack Mehl und wies ihn an, Brot daraus zu machen, während er weg sei. Bei seiner Rückkehr reichte ihm Sinfjötli den Brotlaib. Sigmundr weigerte sich, ihn zu essen, denn im Mehl hatte sich eine Giftschlange befunden. Ja, sagte Sinfjötli, er habe gesehen, dass sich etwas bewegt, habe es beim Teigmachen aber einfach zu Tode geknetet. Während Signýs Kinder von Siggeirr sich über das zappelnde Wesen im Sack entsetzt und kein Brot gebacken hatten, war Sinfjötli eindeutig wild genug, um die Rache für seinen ermordeten Großvater und seine Onkel zu übernehmen.

Sigmundr übergibt die Leiche seines Sohnes Sinfjötli an den geheimnisvollen Bootsmann. Johannes Gehrts (1901).

Sinfjötlis Tod

Borghildr, Sigmundrs neue Frau, hat einen Bruder, der mit Sinfjötli um dieselbe Frau rivalisiert. Es kommt zu einem Zweikampf, in dem Borghildrs Bruder fällt. Borghildr mischt Gift in ein Trinkhorn und bietet es ihrem Stiefsohn an. Sinfjötli ist auf der Hut, denn das Getränk sieht merkwürdig aus, und äußert zweimal Verdacht gegenüber seinem Vater. Sigmundr ist so hart im Nehmen, dass kein Gift ihm schaden kann. Ungeduldig packt er das Horn und trinkt es aus, ohne dass ihm etwas geschieht. Die Szene wiederholt sich. Als ein drittes Horn gereicht wird, zweifelt Sinfjötli erneut: „Dieses Getränk ist trübe, Papa!" Sigmundr gibt zurück: „Dann musst du es durch den Schnurrbart seihen, Sohn!" Da trinkt Sinfjötli – und stirbt. Von Gram getroffen, trägt Sigmundr die Leiche weg, bis er an einen Fjord kommt. Ein Bootsführer erscheint und bietet an, ihn überzusetzen, aber an Bord ist nur Platz für die Leiche. Der Bootsfahrer erklärt, Sigmundr müsse zu Fuß um den Fjord gehen, legt ab und verschwindet für immer. Diesmal brauchen wir den Mann im Boot gar nicht als alt und einäugig beschrieben zu bekommen, damit wir Óðinn erkennen, der gekommen ist, um Sinfjötli heim nach Valhöll zu holen.

gefunden hatten. Aber das Paar bekämpfte sich in seiner Wolfsgestalt und Sigmundr biss seinem Sohn glatt die Kehle durch. Hätte ein (zweifellos von Óðinn gesandter) Rabe dem trauernden Wolf Sigmundr nicht ein Zauberblatt gebracht, das den Toten wiederbelebte, dann wäre der Racheplan fehlgeschlagen.

Jetzt sahen sich Vater und Sohn bereit dafür, Rache zu nehmen, und zogen zu Siggeirrs Halle. Sie versteckten sich hinter einigen Bierfässern in einem Vorraum, aber eines von Signýs zwei kleinen Kindern sah sie dort lauern. Signý drängte sie, die beiden zu töten, damit sie nicht alles verrieten; während der weichherzige Sigmundr es nicht über sich brachte, die Kinder seiner Schwester zu töten, hatte Sinfjötli keine solchen Hemmungen. Er tötete die Kleinen und warf sie provozierend Siggeirr vor die Füße. Man nahm sie gefangen und begrub sie lebendig in einem gewaltigen Erdhügel, doch mit Signýs Hilfe konnten die beiden Männer erneut ausbrechen und steckten umgehend Siggeirrs Halle in Brand. Signý enthüllte die Wahrheit über den Vater Sinfjötlis, küsste ihren Bruder und den Sohn und ging zurück in die Flammen. Ihre Lebensaufgabe, die Rache für ihren Vater und ihre Brüder, war erfüllt und mit der Schande des Inzests konnte sie nicht weiterleben.

Schließlich kehrte Sigmundr zusammen mit seinem sonderbar gezeugten Sohn zurück ins Land seiner Vorväter, wo er heiratete und zwei weitere Söhne zeugte. Ihre Geschichte wird später berichtet. Sinfjötli ist dem Erben seines Vaters ein treuer Bruder und Gefährte, stirbt aber am Ende durch den Verrat seiner Stiefmutter.

Helgi, der heilige Held

Eingebettet in die *Völsunga saga* und zusätzlich in zwei eddischen Gedichten nacherzählt ist die Geschichte von Helgi, Sigmundrs Sohn mit Borghildr. Helgis Name bedeutet „der Heilige“ und er gehört einem Heldentyp an, der sich wiederholt: der Held als Geliebter einer Walküre (siehe S. 36). Diese Geschichte ist in den Völsungen-Zyklus nachträglich eingeschoben worden, denn irgendjemand muss den heiligen Helden ja zeugen und da kann es genauso gut Sigmundr sein. Helgi ist wie Óðinns Sohn Váli frühreif:

> Der Sohn Sigmundrs steht in seinem Kettenpanzer da,
> einen Tag alt; jetzt ist der Tag angebrochen!
> Scharf seine Augen wie Krieger;
> mit Wölfen ist er Freund, wir sollten uns freuen.
> *Erstes Lied von Helgi Hundingstöter, Str. 6*

Das bemerkt ein Rabe zu einem anderen und freut sich innig auf die Leichen, für die dieses wunderbare Kind sorgen wird, ein Festmahl für die Schlachttiere.

Helgi verschafft sich einen Namen, indem er mit nur 15 Jahren einen König namens Hundingr und viele von dessen Söhnen tötet. Auf dem Rückweg von diesem Sieg trifft Helgi die wunderschöne Walküre Sigrún, die ihn liebt; sie erbittet seine Hilfe, um mit Höðbroddr fertigzuwerden, dem Freier, mit dem sie ihr Vater verheiraten möchte: „Aber ich, Helgi, nenne Höðbroddr / einen König, so eindrucksvoll wie das Kätzchen einer Katze!“, setzt sie hinzu. Helgi verspricht, ihr zu helfen, und landet trotz gefährlichen Seegangs, den das Gedicht packend beschreibt, dort, wo Höðbroddr und seine Verbündeten ihn erwarten:

Die Schlachttiere

„Schlachttiere“ heißt hier nicht, dass sie zu Essen verarbeitet werden, sondern dass die Schlacht ihnen Essen liefert. Die Tiere der Schlacht sind der Rabe, der Adler und der Wolf. In der germanischen Tradition wissen sie im Voraus, wann eine Schlacht ansteht, und begeben sich zum Schlachtfeld, weil sie sich gierig auf das Verschlingen der Leichen freuen. In der altnordischen Dichtung gibt es kein höheres Lob für einen König, als von ihm zu sagen, dass er dem Wolf regelmäßig sein Frühstück gab.

Schiff der Wikingerzeit auf einem Bildstein aus Tjängvide auf Gotland.

Es gab das Klatschen von Rudern und das Klirren von Eisen,
Schild schlug gegen Schild, die Wikinger ruderten weiter;
dahineilend zwischen den Edlen
sprang das Schiff des Anführers fern vom Land.

Helgi befahl das hohe Segel zu setzen,
seine Mannschaft scheute nicht die Begegnung der Wellen,
als Ægirs furchtbare Tochter
das staggezäumte Wellenross kentern lassen wollte.
Erstes Helgi-Lied, Str. 27; 29

Ægirs furchtbare Tochter ist eine Welle und „das staggezäumte Wellenross" Helgis langes Schiff. Die Schlacht endet mit einem Sieg für Helgi und er schließt eine entzückte Sigrún in die Arme. Hier endet das *Erste Helgi-Lied*; im *Zweiten Lied*, das den Anfang der Geschichte ausführlicher schildert, erscheint Sigrún menschlicher. Die Walküre, die ihre Wonne am Töten hat, schreckt entsetzt zurück, als sie hört, dass ihr Vater und all ihre Brüder außer einem gestorben sind, nur damit sie ihren Mann selbst wählen kann. Helgi schließt Frieden mit dem überlebenden Bruder Dagr, doch schon bald opfert Dagr Óðinn und fordert Rache; der Gott gibt ihm einen Speer, mit dem er Helgi tötet.

Ganz fertig mit diesem Leben ist Helgi aber noch nicht; eine Dienerin berichtet, sie habe den toten Helgi und sein Gefolge in ihrem gemeinsamen Grabhügel reiten sehen. Sigrún ist so überglücklich „wie die gierigen Habichte Óðinns, / wenn sie vom Schlachten wissen, vom dampfenden Fleisch", genau wie die Raben, die bei Helgis Geburt seine Tüchtigkeit priesen. Sigrún hat keine Scheu, im Grabhügel eine letzte leidenschaftliche Nacht mit ihrem toten Mann zu verbringen, wobei sie seinen blutigen Mund küsst und mit ihm manchen guten Tropfen trinkt. Helgi enthüllt ihr, dass ihre Tränen seine Ruhe stören; ihr übergroßes Leid hindere ihn daran, in die nächste Welt zu gehen. Bei Anbruch der Dämmerung reiten Helgi und seine Mannen nach Valhöll und kommen nie wieder. Ihren Gatten loszulassen, hat Sigrún zwar gelernt, aber Schmerz und Leid bringen ihr bald danach den Tod.

Der Drachentöter Sigurðr

Nach Sinfjötlis Tod und dem anschließenden Zerwürfnis mit Borghildr hat Sigmundr keinen Erben. Zwar ist er schon in einem fortgeschrittenen Alter, hält aber doch um die Hand von Hjördis an, der Tochter von König Eylimi. Ein Nebenbuhler, König Lyngvi, der Sohn des von Helgi getöteten Hundingr, stellt sich ebenfalls vor. Als man Hjördis die Wahl überlässt, entscheidet sie sich für den älteren und berühmteren Sigmundr und die Ehe geht über die Bühne. Lyngvi reagiert und startet eine Invasion. Die schwangere Hjördis und ihre Dienerin flüchten in die Wälder, während Sigmundr und ihr Vater den Kampf gegen die Eindringlinge aufnehmen. Seinem Alter zum Trotz bleibt Sigmundr unbesiegt, bis ein einäugiger Mann mit einem breitkrempigen Hut und einem dunklen Mantel vor ihm erscheint. Mit seinem Speer wehrt er Sigmundrs Schwerthieb ab und das Schwert zerbricht. Das Schlachtenglück wendet sich; Sigmundr und sein Schwiegervater Eylimi fallen.

Die Walküren in einer Inszenierung von Richard Wagners Oper *Die Walküre* von 1896.

Wagners Version

In Wagners *Die Walküre*, der zweiten Oper der Ring-Tetralogie, ist Siegmund seit Langem von seiner Schwester Sieglinde getrennt, die unglücklich mit Hunding verheiratet ist. Als Siegmund auf der Flucht vor seinen Feinden Schutz im Heim des Paares sucht, verlieben sich Bruder und Schwester, obwohl sie ihre Verwandtschaft entdecken, und schlafen miteinander. Am nächsten Tag muss Siegmund gegen Hunding kämpfen und Wotan beschließt, dass Siegmund der Verlierer sein soll. Wotans Tochter, die Walküre Brünnhilde, wird ausgeschickt, um diesen Ausgang sicherzustellen. Doch Brünnhilde wird von Mitleid für Siegmund ergriffen, und schon ist er nahe am Sieg, da erscheint plötzlich Wotan und zerschlägt sein Schwert Nothung mit einem Hieb seines Speeres. Von Hunding getroffen, fällt Siegmund tot zu Boden. Brünnhilde bringt die Bruchstücke des Schwertes und Sieglinde an sich und flüchtet. Seine ungehorsame Tochter bestraft Wotan, indem er ihr die Göttlichkeit entzieht und anordnet, dass sie heiraten muss. Sieglinde, die mit dem Helden Siegfried schwanger ist, sucht Zuflucht im Wald.

Reginn (links) und Sigurðr schmieden Sigmundrs Schwert Gramr neu. Detail der geschnitzten Holztüren der Kirche im norwegischen Hylestad (um 1200).

Hjördis empfängt von ihrem sterbenden Mann die Bruchstücke des Schwertes und ein Verbündeter Sigmundrs, König Álfr, rettet sie vom Schlachtfeld. An Álfrs Hof bringt sie Sigurðr zur Welt, der von dem Schmied Reginn aufgezogen wird. Reginns heimliches Ziel ist es, den jungen Helden als Werkzeug zur Gewinnung jenes Schatzes zu gebrauchen, den Reginns Bruder, der Drache Fáfnir, bewacht. Sigurðr aber setzt seine eigenen Prioritäten. Sein Stiefvater erlaubt ihm, sich ein

Pferd aus seiner Zucht auszusuchen; dabei trifft Sigurðr einen bärtigen Mann, der ihm Rat gibt und anschließend enthüllt, dass Grani, das Pferd der Wahl, keinen geringeren Vater hat als Óðinns eigenen Hengst Sleipnir. Es dauert nicht lange, bis Sigurðr das Helden- und Erwachsenenalter erreicht. Reginn schmiedet für ihn Sigmundrs Schwert Gramr neu und dann unternimmt Sigurðr, um seinen Vater zu rächen, einen Kriegszug zur See gegen Lyngvi. Die Fahrt ist ein großer Erfolg und bringt Sigurðr viel Ruhm ein. Jetzt endlich ist es Zeit für ihn, gegen den Drachen zu zeigen, was in ihm steckt.

Reginn führt Sigurðr auf die Heide, wo der große Wurm auf seinem Goldberg liegt. Dem Helden rät Reginn, eine Grube auszuheben, sich hineinzulegen und dem Drachen ins Herz zu stechen, wenn er zum Trinken an den Fluss hinabkriecht; dann bringt er sich in sichere Entfernung. Während Sigurðr zu graben beginnt, erscheint ein bärtiger alter Mann und rät ihm, mehrere Gruben auszuheben, damit das gif-

Wie Fáfnir zum Drachen wird

Reginn und Fáfnir waren Brüder; ihr dritter Bruder Otr verwandelte sich immer in einen Otter und fing Fische. Eines Tages trafen ihn die drei Götter Löki, Óðinn und Hœnir so an, und Loki warf einen Stein auf Otr, der ihn tötete. Das Otterfell nahmen die Götter mit und zeigten es Hreiðmarr, ohne zu ahnen, dass dieser Otrs Vater war; dieser forderte augenblicklich Blutgeld für seinen Sohn. Die Götter besorgten sich Gold, indem sie den Zwerg Andvari gefangen nahmen und ihm alles raubten, was er besaß, einschließlich eines Rings, den der entrüstete Zwerg mit einem Fluch belegte. Und kaum hatte Hreiðmarr den Schatz angenommen, da verlangten seine Söhne einen Anteil daran und Fáfnir erschlug seinen Vater deswegen. Offensichtlich funktionierte der Fluch. Anschließend verwandelte sich Fáfnir in einen Drachen und legte sich auf den Schatzhaufen, während Reginn Pläne schmiedete, wie er das Gold an sich bringen könnte.

tige Blut des Drachen abläuft, ohne Schaden anzurichten. Anschließend verschwindet er. Mehr wird Sigurðr vom Beschützer seiner Familie nicht sehen; es ist, wie wir sehen werden, sogar der letzte Auftritt Óðinns in diesem ganzen Sagenkreis bis zum Endpunkt, dem Tod von Hamðir und Sörli. Sigurðrs Kampf mit Fáfnir ist enttäuschend und dramatisch; der Hinterhalt aus der Grube hat Erfolg und der sterbende Drache gibt dem jungen Helden Weissagungen („mein Bruder wird dein Tod sein, so wie er meiner gewesen ist") und Ratschläge mit.

Sigurðr tötet den Drachen Fáfnir. Detail der Holztüren von Hylestad (um 1200).

Reginn taucht aus seinem Versteck auf und befiehlt Sigurðr, das Herz des Drachen über dem Feuer zu braten, während er ein Nickerchen macht. Sigurðr tut wie befohlen; er drückt auf das Herz, um zu sehen, ob es gar ist, und verbrennt sich dabei den Finger. Als er ihn in den Mund steckt, um den Schmerz zu lindern, stellt er fest, dass er jetzt die Sprache der Vögel verstehen kann. Ein Schwarm Kleiber, der sich in der Nähe niedergelassen hat, warnt ihn wie zuvor schon Fáfnir, dass Reginn ihn wegen des Goldes zu töten plant. Dem kommt Sigurðr zuvor, indem er Reginn den Kopf abschneidet, dann belädt er Grani mit dem Schatz und bricht zu seinem nächsten Abenteuer auf: der Begegnung mit der schlafenden Walküre auf dem Berg Hindarfjall.

Sigurðr auf Bildsteinen

Sigurðrs Abenteuer erscheinen häufig auf Steindenkmälern der Wikingerzeit. Die bekannteste Version findet sich auf dem schwedischen Ramsund-Stein, der die Geschichte zeigt, von der Tötung Otrs über die Tötung des Drachen (das Runenband, durch das Sigurðr sein Schwert stößt) bis zum Braten des Herzens, der Warnung der Vögel und dem Tod Reginns. Es gibt andere schwedische Runensteine mit ähnlichen Reliefs in verschieden gutem Erhaltungszustand. Bilder, wie Sigurðr den Daumen in den Mund steckt, sind auch auf britischer Steinplastik ziemlich häufig; Darstellungen gibt es in Ripon und in Kirby Hall in Yorkshire. Auf der Isle of Man sind mehrere Szenen, die mit Sigurðr zu tun haben, auf steinerne Hochkreuze graviert. Ein besonders gutes Bild findet sich auf dem Stein mit der Bezeichnung Andreas 121, wo Sigurðr Fáfnirs Herz brät (das er dazu sauber in Ringe geschnitten hat) und den Finger in den Mund schiebt. Dabei äugt ihm das Pferd Grani über die Schulter, ein Ohr gespitzt, um den Vögeln zuzuhören. Anderswo auf Man sehen wir, wie Sigurðr den Drachen durchbohrt; ein weiterer Stein zeigt Loki, wie er den Stein auf Otr wirft, und dazu Grani mit dem Gold auf dem Rücken.

Der Ramsund-Stein aus Schweden (um 1030). Das Runenband bildet den Körper des Drachen nach, den Sigurðr von unten durchbohrt. Innerhalb der Schleife erscheinen von links nach rechts: der tote Reginn, Sigurðr, der vom Drachenblut kostet, das Pferd Grani und die redseligen Vögel auf dem Baum.

Tolkiens Drache

Smaug, der Drache in J. R. R. Tolkiens *Der Hobbit*, hat seinen Namen von einem altnordischen Wort, das *kroch* heißt. Seine Figur beruht auf dem Drachen im *Beowulf*, einem fliegenden, feuerspeienden Ungeheuer, doch anders als der altenglische Drache – und das macht ihn Fáfnir viel ähnlicher – kann Smaug sprechen. Er führt ein langes Gespräch mit dem Hobbit Bilbo, der ihn ablenkt, indem er in Rätseln redet, während er die Schwachstelle des Drachen ausspioniert, eine Stelle in der Achselhöhle, wo die Schuppen dünn geworden sind. Dieses Wissen teilt eine freundliche Drossel Bard dem Bogenschützen mit, der dank ihm den Drachen aus dem Himmel holen kann. Bard ist einer der Menschen von Dale (Thal), die wie Sigurðr die Sprache der Vögel verstehen.

Im altenglischen Gedicht *Beowulf*, das viel älter als die Saga ist und wahrscheinlich auch den eddischen Gedichten vorausgeht, auf denen die Saga beruht, wird der Drachenkampf Sigmundr zugeschrieben, nicht seinem Sohn, und es handelt sich um ein viel gewagteres Gefecht. Auch Beowulf nimmt an einem epischen Kampf gegen einen Schätze liebenden Drachen teil, der in einem Hügelgrab in Beowulfs Königreich lauert. Gereizt durch den Diebstahl eines einzigen goldenen Bechers hat dieser Drache feurige Zerstörung über das Land gebracht. Mit der Hilfe seines jungen Verwandten Wiglaf tötet Beowulf die Bestie, rettet sein Volk und gewinnt den Drachenhort, jedoch um den Preis seines eigenen Lebens. Beowulfs Gegner ist ein geflügelter Feuerdrache und dadurch viel schwerer zu bezwingen als die kriechende Schlange Fáfnir; er muss in seinem Hügelgrab eingeschlossen und im Nahkampf angegangen werden, seinem Feuerodem zum Trotz. Der andere große Drachentöter des Nordens, Ragnarr Zottelhose, dessen Geschichte Kapitel 5 erzählt, überwältigt sein Ungeheuer mit List und kommt mit dem Leben davon.

Sigurðr brät Scheiben aus Fáfnirs Herz über dem Feuer, wobei ihm Grani über die Schulter sieht. Detail eines wikingerzeitlichen Steinkreuzes (Andreas 121, Isle of Man).

Sigurðr und die Walküre

Geführt von seinen gefiederten Freunden findet Sigurðr, nachdem er noch mehr von Fáfnirs Herz gegessen hat, seinen Weg nach Hindarfjall. Dort liegt umgeben von einem Schildwall, in ihrem Kettenpanzer schlummernd, eine Walküre. Sie hat einst Óðinn nicht gehorcht und einem hübschen jungen Prinzen statt seines betagten Gegners den Sieg gegeben, wofür sie bestraft wurde: Óðinn stach sie mit einem Schlafdorn und verfügte, sie müsse heiraten. Der junge Held weckt nun die Frau, die ihn herzlich begrüßt, ihm einen „Erinnerungstrunk" anbietet und magische wie soziale Weisheit an ihn weiterreicht. Hier wird es mit der nordischen Überlieferung verwickelt. Die eddischen Gedichte geben der Walküre den Namen Sigrdrífa („Sieg-Beschafferin") und nach ihren Ratschlägen fehlt ein großes Stück der Handschrift. Als der Text in der Sammlung wieder einsetzt, befindet sich Sigurðr bereits am Hof der Gjúkungen (dazu später) und ist in die verschachtelten Dreiecksbeziehungen verstrickt, die der Betrug seiner Schwäger hat entstehen lassen. In der *Völsunga saga* heißt die Walküre Brynhildr; dort schlüpft sie in die Rolle von Sigrdrífa, deren Aufgabe vielleicht bloß darin bestand, dem Helden wichtige Ratschläge zu geben.

In Brynhildrs Vorgeschichte muss sie eindeutig etwas von einer Walküre oder Schildmaid haben, denn in der Saga verlobt sich Sigurðr dort auf dem Berg mit ihr und reitet dann weiter. Zumindest in der Saga verlässt der junge Mann jetzt die Welt des Heroisch-Epischen und begibt sich in die Sphäre der höfischen Romanze, einen Bereich, der mit Intrigenspiel ebenso gefüllt ist wie nur irgendeine Königshalle aus den früheren Kapiteln des Sagenzyklus. Zwar hat er seinen Ziehvater vorsichtshalber getötet, doch ist Sigurðr schlecht gerüstet für die Art politischer Spielchen, mit denen er es nun zu tun bekommt.

Sigurðr kommt an den Hof der Gjúkungen in Worms am Rhein. Hier heißen ihn die Brüder Gunnarr und Högni willkommen und ihre Mutter, Grímhildr, schmiedet einen Plan, ihn durch die Heirat mit ihrer Tochter Guðrún in ihre Familie aufzunehmen. Guðrún selbst verliebt sich rasch in den gut aussehenden Neuzugang; Grímhildr gibt

Eine moderne Neufassung der Völsungen-Legende

Der Autor Melvin Burgess hat zwei Jugendromane geschrieben, die auf der Sage von den Völsungen aufbauen. Sie spielen in einem Cyberpunk-England der Zukunft, in dem die Gentechnik auf der Tagesordnung steht und verfeindete Bandenchefs sich gegenseitig die Herrschaft über London streitig machen. Der erste Band, *Bloodtide* (1999; dt. *Schlachten*), baut auf der Geschichte um Sigmundr und Signý auf, während der zweite, *Bloodsong* (2005), sich an Sigurðrs Schicksal orientiert: der Held geht auf die Fahrt, um Bryony, das Pendant zu Brynhildr, aus der unterirdischen Stadt zu retten, wo sie gefangen gehalten wird, und ist mit dem Doppelspiel seiner Freunde Gunar und Hogni konfrontiert. Seine Bildsprache, auf der diese ganz ungewöhnliche Schöpfung beruht, bezieht Burgess aus Computerspielen, Filmen und Comics. Beide Romane schreiben die Legenden in packender Weise so um, dass sie sich mit dem Ringen von Teenagern um die Suche nach ihrer Identität und die Entdeckung dessen, woran sie wirklich glauben, verbinden.

Sigurðr einen magischen „Trank des Vergessens“ und bald schon ist er mit Guðrún verlobt, ohne etwas von seinem früheren Versprechen zu wissen. Jetzt beschließt Gunnarr seinerseits eine Braut zu suchen und hat von der Schildmaid Brynhildr gehört, die von einer Flammenwand umgeben in ihrer Halle wohnt. Sie hat geschworen, nur den Mann zu heiraten, der die Flammen durchschreiten kann. Die jungen Männer brechen gemeinsam auf, doch Gunnarrs Pferd scheut vor der feurigen Barriere. Nur Grani hat den Mut, durch das Inferno zu galoppieren. Mithilfe von Grímhildrs Zauber tauschen Gunnarr und Sigurðr ihre Gestalt; als Gunnarr verkleidet durchquert Sigurðr die Flammenwand und verbringt drei Nächte mit Brynhildr, legt aber sein Schwert dazwischen, damit es keusch zugeht. Darüber tief unglücklich

Siegfried (Sigurðr) und Grane (Grani) am Siegfriedbrunnen in Berlin; Plastiken von Emil Cauer dem Jüngeren (1911).

ahnt Brynhildr, dass etwas überhaupt nicht stimmt – bestimmt könnte doch nur ihr Verlobter Sigurðr die Flammen durchschreiten? Und doch ist hier anscheinend Gunnarr und verlangt sie zur Frau.

Es gibt eine Doppelhochzeit, während der die Wirkung des Vergessenstranks bei Sigurðr nachlässt; er erinnert sich wieder an sein Eheversprechen, entscheidet sich aber dafür, zu schweigen. Brynhildr ist über seine Treulosigkeit ebenso überrascht wie unglücklich. Als Guðrún und Brynhildr um den Vortritt streiten, weil beide im Fluss baden wollen, enthüllt Guðrún, wie ihre Schwägerin getäuscht worden ist. Brynhildr schließt sich in ihren Gemächern ein und sinnt auf Rache. Weder Gunnarr noch Högni und auch nicht der zerknirschte Sigurðr, der ihr anbietet, Guðrún zu verlassen und sie, Brynhildr, zu heiraten, kann ihren Zorn besänftigen.

> Ich werde Sigurðr bekommen – sonst wird er sterben –,
> diesen jungen Mann werde ich in den Armen halten.
>
> Die Worte, die ich nun spreche, werde ich später bereuen,
> Guðrún ist seine Frau und ich bin Gunnarrs;
> die verhassten Nornen haben uns diese lange Qual zugemessen […].
>
> Ich gehe ohne Glück und ohne Mann,
> ich werde meine Lust mit meinen furchtbaren Gedanken stillen.
> *Kürzeres Sigurðr-Lied, Str. 6–7; 9*

Weitere Komplikationen zeigen die Gedichte aus der Edda, sobald der Text nach den fehlenden Seiten wieder einsetzt. Brynhildr hat sich von ihrem Bruder Atli zur Hochzeit drängen lassen, weil er androhte, ihren Anteil am Erbe der Eltern zurückzuhalten, falls sie nicht heiraten will. Da es Brynhildr zuwider ist, ihre Freiheit aufzugeben, hat sie selbst die Prüfung der Flammenwand ausgedacht und einen Eid geschworen, nur den Mann zu heiraten, der sie durchqueren kann – einen Eid, den sie jetzt bricht, weil sie getäuscht worden ist. Brynhildr lässt Gunnarr glauben, dass Sigurðr ihr „erster Mann“ war, eine Behauptung, die

Sinn ergibt, wenn man an das frühere Verlöbnis denkt (und nach einer Version hat das Paar tatsächlich eine Tochter; siehe Kapitel 5). Gunnarr legt diese Behauptung so aus, dass Sigurðrs Geschichte von den keuschen Nächten, die er und Brynhildr nach der Durchquerung der Flammenwand verbracht hätten, eine Lüge war. Weder Brynhildr noch ihren Schatz will Gunnarr verlieren, sie aber will sich nicht mit ihm aussöhnen. Sein Bruder Högni wünscht sich aufrichtig, keiner von ihnen hätte Brynhildr je zu Gesicht bekommen. Und Brynhildr selbst wünscht sich, Sigurðr wäre tot.

Bald erreicht der Familienstreit den Siedepunkt; Gunnarr und Högni haben Sigurðr so heilige Eide geschworen, dass sie zu viel Angst haben, sie zu brechen. Deswegen flößen sie ihrem jüngeren Bruder Guttormr, der nicht mitgeschworen hat, einen starken Zaubertrank ein und Sigurðr wird ermordet. Den Ort dafür geben die verschiedenen eddischen Gedichte ganz unterschiedlich an; eines sagt, der Held sei auf dem Weg zur Versammlung gestorben und seinen Tod habe das Pferd Grani verkündet, indem es reiterlos heim zu Guðrún gesprengt sei. Nach anderer Quelle wird er auf der Jagd im Wald getötet, wie im mittelhochdeutschen *Nibelungenlied*. In der bedeutendsten altnordischen Version tötet Guttormr ihn, als er mit Guðrún im Bett liegt; sie erwacht und findet sich im Blut ihres Mannes. Das traumatisiert Guðrún so sehr, dass sie anfangs nicht einmal weinen kann, bis ihre Schwester ihr die Leiche ihres Mannes zeigt. Brynhildrs rasende Wut bleibt ungestillt; sie verflucht die Frau, die Guðrúns klaren Verstand gerettet hat. Guðrún sucht Zuflucht in Dänemark, fern vom chaotischen Nachspiel zu Sigurðrs Tod. Rache scheint nicht infrage zu kommen, denn wenn sie ihre Brüder zur Strafe für die Verschwörung gegen ihren Mann töten wollte, würde sie ja ihre Familie dezimieren und somit wenig froh werden – wer ist außerdem noch übrig, der das Töten übernehmen sollte?

Brünnhilde reitet am Ende der *Götterdämmerung* Grani ins Feuer. Arthur Rackham (1911).

Kirsten Flagstad als Brünnhilde
in Wagners Walküre 1938.

Wagners Brünnhilde und Siegfried

Bei Wagner weckt der Held Siegfried Brünnhilde im dritten Akt von *Siegfried*, der dritten Oper des Zyklus, und die beiden scheinen dem Glück entgegenzugehen. Doch zu Beginn der letzten Oper, *Götterdämmerung*, zieht es Siegfried zu neuen Abenteuern und er verlässt seine Geliebte, segelt den Rhein hinunter und so in die Klauen von Gunther, Hagen (Gunthers Halbbruder, der Sohn des Nibelungen Alberich) und ihrer Schwester Gutrune. Die Intrige läuft so ab wie in der Saga – mit einem „Trank des Vergessens", einem Gestaltswechsel, dem Betrug an Brünnhilde und ihrer widerstrebenden Ehe mit Gunther. Als Brünnhilde erkennt, was geschehen ist, verrät sie Hagen das Geheimnis, wie man Siegfried töten kann, und so wird Siegfried auf einer Jagd im Wald ermordet. Brünnhildes Entscheidung, auf dem Holzstoß zu sterben, auf dem ihr Geliebter verbrannt wird, beschleunigt das Ende der Herrschaft der Götter, doch den verfluchten Ring, der von Siegfried auf Brünnhilde und dann wieder auf Siegfried übergegangen ist, gibt Brünnhilde am Ende den Rheintöchtern zurück, denen er einst gestohlen worden war.

Schon bald erkennt Brynhildr, dass sie sich, indem sie Sigurðrs Tod herbeigeführt hat, selbst jeden Grund zum Weiterleben genommen hat. Sie steigt mit auf seinen Scheiterhaufen und bereitet sich aufs Sterben vor, während sie eine lange Weissagung über die düstere Zukunft der Gjúkungen ausspricht. Und so endet das Geschlecht der Völsungen – denn Sigmundr, der kleine Sohn von Sigurðr und Guðrún, ist zusammen mit seinem Vater ermordet worden. Brynhildr findet einen spektakulären Tod. Ein eddisches Gedicht, *Helreið Brynhildar* („Brynhildrs Ritt zur Hel"), zeigt sie nach dem Tod auf der Reise, auf der sie Sigurðr finden will. Sie kommt am Heim einer Riesin vorbei, die tadelt: „Es wäre passender für dich, am Webstuhl zu sitzen, / als den Mann einer anderen Frau besuchen zu gehen." „Du überaus dummes Weib", sagt Brynhildr zu der Riesin und stürzt sich in Rechtfertigungen: „Die Erben Gjúkis machten mich liebesleer / und machten eine Eidbrüchige aus mir." Und so reist sie weiter, dem Treffen mit ihrem geliebten Sigurðr entgegen, von dem sie nie wieder etwas trennen soll.

Guðrún und Atli

Brynhildr kann den Vertrauensbruch der Gjúkungen und ihren arglosen Ex-Liebhaber nicht vergessen und verlässt die Sage in einem prächtigen Flammenmeer. Für die arme Guðrún, die durch den Verrat des Geheimnisses ihres Gatten die Katastrophe erst herbeigeführt hat, muss das Leben irgendwie weitergehen. Trotz der finsteren Warnung, die Brynhildr in ihrem Schlussmonolog ausgestoßen hat, schmiedet Guðrúns Familie schon bald den Plan, sie heimzuholen und ein zweites Mal zu verheiraten. Ihr neuer Mann ist Atli (der Hunne Attila), Brynhildrs Bruder, der aufgebracht darüber ist, wie diese Familie seine Schwester behandelt hat. Die Gjúkungen schulden ihm eine Frau und man schickt ihm Guðrún zum Heiraten. Wieder gehen die Traditionen auseinander: Laut einem Gedicht kommen beide anfangs gut miteinander aus, „liebevoll / umarmten sie einander vor den Edlen", laut einem anderen werfen sie sich Anklagen an den Kopf, wer mit wem schlimmer umgegangen sei, und führen einen fürchterlichen Dauerkrieg von Ehe vor. Atli und Guðrún haben miteinander zwei Söhne, aber der Hunnenkönig konzentriert sich ganz auf die Eroberung des Schatzes, der dem Ex-Mann seiner Frau gehörte und sich jetzt in den Händen von deren Brüdern befindet.

Eine freundliche Einladung an Gunnarr und Högni, zu Besuch zu kommen, wird (trotz Guðrúns Warnungen, es stecke Verrat dahinter) angenommen. Laut einem Gedicht argwöhnen die Brüder, dass Atli nichts Gutes im Sinn hat, halten es aber für Feigheit, nicht hinzugehen; laut einem anderen gesteht der Bote den Plan erst, als sie beinahe schon bei Atlis Gutshof angekommen sind. Die Brüder wehren sich verzweifelt und werden gefangengenommen. Gunnarr weigert sich, die Lage des Schatzes zu verraten, es sei denn, er sähe Högnis Herz aus dessen Leib geschnitten. Nach einem Versuch, stattdessen das Herz eines Sklaven zu nehmen, wird Högni getötet: „Da lachte Högni, als sie ihm bis ans Herz schnitten, / dieser lebende Schmied der Narben, ans Aufschreien dachte er nie." Jetzt weiß Gunnarr, dass das Geheimnis mit ihm ins Grab gehen wird; er wird in eine Schlangengrube geworfen, wo er zwar die Harfe spielt, um die Schlangen zu beruhigen, aber schließlich beißt ihn eine ins Herz und er stirbt.

Zu Hause hat sich Guðrún inzwischen furchtbar an ihrem Mann gerächt. Als er von der Schlangengrube wiederkommt, begrüßt sie ihn, reicht ihm etwas zu trinken und bietet ihm und allen anderen Hunnen zum Bier ein paar Snacks an. Erst später verrät sie, was sie da essen:

> Deiner eigenen Söhne – du Schwerterverteiler –
> Herzen, körperblutig, kaust du mit Honig;
> du füllst dir den Magen, stolzer Herr, mit totem Menschenfleisch,
> isst es als Appetitmacher zum Bier und schickst es zum Hochsitz.
> *Atli-Lied, Str. 35*

Guðrún hat ihre Kinder geschlachtet und Atli hat sie gegessen. In diesem Gedicht bringt sie das Geschehen rasch zum Abschluss, indem sie ihren betrunkenen Mann im Bett ersticht, in der Halle Feuer legt und dann an die Küste geht, wo sie sich ertränken will. Aber die Wellen

Gunnarr in der Schlangengrube. Detail der geschnitzten Holztüren der Kirche im norwegischen Hylestad (um 1200).

tragen sie fort ins Land von König Jónakr, wo eine dritte Ehe auf sie wartet.

Im zweiten Gedicht, das diese Ereignisse behandelt, macht Guðrún Witze, als sie die Jungen zu sich ruft: „Ich wollte euch schon lange vom Altern heilen." Ruhig fügen sich die Jungen in ihr Schicksal, warnen aber: „Kurz wird deine Ruhe von der Raserei sein, / wenn du herausfindest, was folgt." Guðrúns Mord an ihren Kindern, ihre Idee, deren Vater zu zwingen, die Söhne – Fleisch von seinem Fleisch – wieder in sich aufzunehmen, ist ein bemerkenswert deutliches Zeichen, wie sehr sie die Familie ablehnt, in die sie eingefügt worden ist. Die späteren Teile des Völsungen-Gjúkungen-Zyklus machen die schlechte Behandlung von Frauen zum Thema – als bloße Tauschobjekte zwischen Verwandtschaftsgruppen, als Wesen, auf deren Gefühle man im Ringen um politische Vorteile durch das Schmieden von Ehebündnissen wenig Rücksicht nehmen muss.

„Diese Kette der Kümmernisse“

Ein anderes, spätes Gedicht lehrt uns, dass Brynhildr eine Schwester namens Oddrún hat, die Gunnarr so liebt, „wie Brynhildr es getan haben sollte“. Nach Brynhildrs Tod weigerte sich der tyrannische Atli, Oddrún den Witwer ihrer Schwester heiraten zu lassen. Heimlich wurden Oddrún und Gunnarr ein Liebespaar, bis man sie verriet. So hatte Atli gleich zwei Motive für den Mord an seinem Schwager, die Familienehre ebenso wie den vorenthaltenen Schatz. Wie Guðrún erleidet auch Oddrún jenes Leid, das in dieser patriarchalen, racheorientierten Kultur das Los der Frauen ist, und auch sie fasst es in Worte: „an alle Frauen – möge euer Leid leichter werden, / nachdem diese Kette der Kümmernisse nun erzählt ist“, schließt Guðrún mit ihrer letzten Rede innerhalb der eddischen Dichtung.

Guðrúns Rache für ihre Tochter

Der letzte Akt in Guðrúns Leben zeigt sie als Gattin von König Jónakr und als Mutter zweier weiterer Söhne. Dann schlägt erneut das Schicksal zu. Denn auch Guðrún und Sigurðr hatten eine Tochter miteinander, wie jetzt enthüllt wird – Svanhildr, „das von meinen Kindern, das ich in meinem Herzen am liebsten hatte; / so war Svanhildr in meiner Halle / wie ein prächtig leuchtender Sonnenstrahl“. Svanhildr wird losgeschickt, um den Gotenkönig Jörmunrekkr zu heiraten. Jörmunrekkrs Sohn aus einer früheren Ehe, Randvér, kommt seine neue Stiefmutter abholen, die fast genauso alt ist wie er, und auf der Heimreise scheinen sie sich anzufreunden. Ob sie sich auch verlieben – wie Tristan und Isolde, deren Geschichte in Skandinavien seit Anfang des 13. Jahrhunderts in Umlauf war – oder ob die Vorwürfe gegen sie reine Verleumdung sind, bleibt unklar. Jedenfalls war Jörmunrekkr überzeugt, dass seine Ehre gekränkt worden war; er ließ seinen Sohn aufhängen und seine Frau von Pferden zertrampeln. Vom Schafott herunter schickte ihm Randvér seinen eigenen Falken, dem die Federn ausgerupft waren, und rasch begriff Jörmunrekkr die Symbolik: durch die Hinrichtung seines einzigen Erben hatte er sich selbst verstümmelt. Doch diese Einsicht kam zu spät, die Exekution war schon im Gang.

Für Guðrún schreit die Nachricht, dass ihre letzte Verbindung mit ihrem teuren Sigurðr, ihre Tochter, auf so grausige Art getötet worden ist, nach Rache an Jörmunrekkr für Svanhildr. Sie ruft ihre Söhne Hamðir und Sörli zu sich und bittet sie weinend, ihrer Schwester zuliebe auf eine Rachemission zu gehen. Die jungen Männer zögern – ein Angriff auf Jörmunrekkr im Machtzentrum der Goten kommt einem Selbstmord gleich – und erinnern ihre Mutter, als sie einen nachteiligen Vergleich zwischen dem Mut der beiden und dem ihrer Brüder anstellt, dass eben diese den Kreislauf aus Rachemorden in Gang gesetzt haben, den Guðrún jetzt fortführen will. Muss man eine Schwester so rächen, wie es bei einem Bruder sicher der Fall ist? Die Frage steht im Raum; der gewaltsame Tod von Frauen ist in den nordischen Sagen selten und die der Situation angemessene Ethik bleibt ungewiss. Die Geschichte entfaltet sich in zwei Gedichten weiter. Im einen reiten die Söhne aus, um ihre Mission zu erfüllen, und ihre Mutter bleibt zurück, trauert

Jörmunrekkr

Jörmunrekkr (Ermanarich), ein historischer Herrscher über die Goten, scheint wegen seines tyrannischen Verhaltens berüchtigt gewesen zu sein, denn er taucht im altenglischen Gedicht *Deor* auf (das, wie in Kapitel 2 erwähnt, auch die Geschichte von Weland dem Schmied enthält). Ermanric, wie er dort heißt, hat einen „wölfischen Sinn": „Þæt was grim cyning!" („Das war ein grimmiger König!"), lässt der Dichter uns wissen, und so mancher Krieger habe innig gewünscht, die Herrschaft möge gestürzt und Ermanric entthront werden. Und wirklich findet er, zumindest im Altnordischen, ein wohlverdientes schreckliches Ende.

um sie zusammen mit ihrer ganzen anderen toten Verwandtschaft und lässt einen großen Scheiterhaufen aus Eichenholz errichten. Denn jetzt ist sie bereit, diese Welt zu verlassen und sich wieder zu ihrem geliebten Sigurðr zu gesellen: „Zügle, Sigurðr, das dunkle, glänzende Pferd, / den flinkfüßigen Renner – lass ihn hier laufen", befiehlt sie.

Im anderen Gedicht brechen Hamðir und Sörli in rasender Wut auf, angestachelt von ihrer Mutter, Rache für Svanhildr zu nehmen. Als sie den Hof ihres Vaters verlassen haben, treffen sie ihren Halbbruder, der ihnen in Rätselworten Beistand anbietet „wie ein Fuß dem anderen". Mit dieser Metapher deutet der Halbbruder Erpr an, dass Verwandte allesamt Teile desselben Körpers sind, aber die beiden weigern sich absichtlich, die Bedeutung zu entziffern, und hauen ihn an Ort und Stelle nieder. Ganz unerwartet betreten sie die Halle der Goten und bringen Jörmunrekkr in ihre Gewalt, hacken ihm Hände und Füße ab und werfen sie ins Feuer. Aber der König hat Verstand genug (weil er weiß, dass die Brüder durch Zauberkraft für Waffen unverwundbar sind), seinen Männern zuzurufen „Steinigt sie!" – und die Krieger gehorchen. Endlich erkennen die Brüder, wie töricht es war, Erpr zu töten („Unten wäre sein Kopf jetzt, wenn Erpr noch lebte"), und sterben; im Sterben beglückwünschen sie sich gegenseitig dafür, dass sie gut gekämpft haben, wobei sie sich mit Adlern vergleichen, Schlachttieren, die auf Bergen von Erschlagenen sitzen. Endlich endet der Zyklus aus Mord und Rache. Es sind weder Völsungen noch Gjúkungen übrig.

Der lange Völsungen-Gjúkungen-Zyklus ist die bekannteste und einflussreichste Serie von Heldensagen aus dem Norden; das liegt an Richard Wagners Opern und Willam Morris' Epos *The Story of Sigurd the Volsung and the Fall of the Niblungs*, das 1876 erschien, im selben Jahr, als Wagners Ring erstmals vollständig in Bayreuth aufgeführt wurde. Doch es gibt noch eine ganze Anzahl weiterer Helden, deren Geschichte in den nordischen Sagen überliefert sind, Helden, deren ethische Vorstellungen es oft schwer machen, über sie zu schreiben. Ihnen werden wir im nächsten Kapitel begegnen.

5 Helden der Wikingerwelt

Das letzte Kapitel hat gezeigt, wie die katastrophale Familiengeschichte der Völsungen und der Gjúkungen nacheinander in mehreren Gedichten nacherzählt wurde, welche die Ethik heldenhaften Verhaltens sondierten und dazu alles, was es mit sich bringt: die Überbewertung von Verwandtschaft in der männlichen Linie und von Freundschaftsnetzen auf Kosten des Selbstwertgefühls der Frauen, das Problematische am Rachegedanken und die außerordentliche Verlockung von Schätzen. Alles zusammengenommen beschreibt die Art nordischen Heldentums, die man aus der germanischen Tradition übernommen hatte. An Selbstlosigkeit hat man da wenig Geschmack, auch nicht daran, durch den Kampf gegen Ungeheuer die Gemeinschaft zu retten, gegen einfallende Heere zu kämpfen oder Frauen die Freiheit zur eigenen Entscheidung zu lassen. Der Untergang der Völsungen und der Gjúkungen ist eine heilsame Warnung, dass zum Heldenleben mehr gehört als nur eine Hypersensibilität für die eigene Ehre. In diesem Kapitel werden wir von einer Reihe nicht so gut bekannter nordischer Hauptfiguren hören, die das, was einen Helden ausmacht, jeweils unterschiedlich sehen.

Starkaðr der Starke

Starkaðr hatte ein schweres Erbe zu tragen; sein Großvater war ein Riese, der eine Prinzessin entführte, und sein Vater Stórvirkr war von Geburt an größer und stärker als die meisten Männer. Stórvirkr brannte mit Unnr durch, der Tochter des Jarls von Hálogaland in Nordnorwegen, deren Familie sich etwas anderes für sie wünschte. Unnrs Brüder verfolgten die beiden bis auf die Insel, auf der sie lebten, und brannten den Hof mit Mann und Maus nieder. Irgendwie entkam der kleine Starkaðr und wurde von König Haraldr von Agde im Süden Norwegens aufgenommen. Später wurde Haraldr durch den König von Hordaland ermordet (es liegt dort, wo heute Bergen ist) und den

Kohlenbeißer

Als Kohlenbeißer werden wenig verheißungsvolle faule Jungen bezeichnet; der Begriff kommt davon, dass sie dicht vor dem Feuer herumliegen und sich weigern, etwas Nützliches zu tun. Häufig sind sie schweigsam und mürrisch. Üblicherweise gehen sie ihren Vätern so richtig auf die Nerven, während ihre Mütter sie häufig verteidigen – sie behaupten, dass der nichtsnutzige Flegel sich schon noch mausern werde. Viele altnordische Helden waren zu Anfang solche Kohlenbeißer; ein klassisches Beispiel ist Offa aus Angeln (in Norddeutschland), laut Saxos Bericht. Als Junge war er schweigsam und sein Vater Wermund hielt ihn für einen Einfaltspinsel. Dann erblindete Wermund und die benachbarten Sachsen drohten ins Land einzufallen. Wermund bot ihrem König einen Zweikampf an, doch die Sachsen erklärten, der Kampf gegen einen Blinden sei nicht ehrenhaft. Darauf schritt Offa zur Tat. Er schlug sich gegen zwei sächsische Vorkämpfer zugleich, aber seine Schwerter brachen andauernd, weil er so stark war. Rasch ließ Wermund sein altes Schwert hervorkramen – er hatte es in die Ecke gelegt, als er sein Augenlicht verlor – und seinem Sohn geben, und mit dieser Waffe (mit dem etwas bizarr klingenden Namen Skræp) errang Offa den Sieg und außerdem Ruhm bei den Angeln. J. R. R. Tolkien gründete 1926 in Oxford eine „Coalbiter"-Gesellschaft – es handelte sich um einen Altnordisch-Lesekreis – und der Name hielt sich lange über seine Zeit hinaus.

dreijährigen Starkaðr zog ein Mann auf, der den merkwürdigen Namen Hrosshárs-Grani („Rosshaar-Grani") trug, in dem der Name von Sigurðrs bemerkenswertem Pferd nachklingt. Neun Jahre später traf Haraldrs Sohn Víkarr, auf dem Weg, Rache für seinen Vater zu suchen, Starkaðr bei Hrosshárs-Grani an. Der junge Starkaðr war ein scheinbar nutzloser „Kohlenbeißer". Doch überaus hoch gewachsen war er auch, dazu hatte er ein dunkles Aussehen – und schon mit zwölf Jahren einen Bart!

Víkarr gab Starkaðr Waffen und nahm ihn mit auf sein Schiff, um den Mörder seines Vaters zu stellen. Der König von Hordaland und seine Krieger wehrten sich tapfer, aber die beiden Ziehbrüder behielten die Oberhand. Starkaðr erlitt eine schreckliche Wunde:

> Er [Starkaðs Gegner] packte mich schmerzhaft
> mit seinem scharfschneidigen Schwert gegen meinen Schild,
> schnitt den Helm von meinem Kopf, hieb in meinen Schädel;
> mein Kiefer wurde gespalten bis zu den Backenzähnen
> und mein linkes Schlüsselbein war hin.
> *Víkarr-Fragment, Str. 14*

Doch er überlebte und war fortan 15 Jahre lang Víkarrs engster Freund und rechte Hand in Frieden und Krieg. Doch nichts dauert ewig und nach einer Raubzugsaison beschloss Víkarr, wieder nach Hordaland zu fahren, um ein bisschen zu kämpfen. Die Flotte litt unter widrigen Winden, und als sie hölzerne Lose warfen, um herauszufinden, wieso, erwies sich, dass Óðinn ein Opfer verlangte: jemand musste gehängt werden. Und entsetzlich – das Los fiel auf König Víkarr. Alle wurden sehr still und entschieden, die Sache am nächsten Tag in einer Versammlung zu besprechen.

Mitten in der Nacht tauchte im Lager ausgerechnet Hrosshárs-Grani auf. In aller Stille weckte er seinen Ziehsohn Starkaðr und ruderte mit ihm auf eine kleine bewaldete Insel. Dort waren auf einer Lichtung zwölf Stühle im Kreis aufgestellt; elf waren schon besetzt und Hrosshárs-Grani setzte sich auf den zwölften. Die anderen begrüßten ihn als Óðinn. Er kündigte an, sie seien versammelt, um über Starkaðrs Schicksal zu richten. Þórr, einer der Anwesenden, hatte es auf Starkaðr abgesehen, denn das Mädchen, das mit dessen Großvater durchgebrannt war, hatte vorher Þórr als Freier abgewiesen – zugunsten eines Riesen, und wir wissen ja, was Þórr über Riesen denkt. Der Gott erklärte, Starkaðr solle keine Nachkommen haben. Óðinn übernahm die Rolle der guten Fee und beschloss, Starkaðr solle drei Menschenleben lang leben. „Und in jedem davon wird er eine abscheuliche Tat vollbringen“, verkündete Þórr. Während Óðinn ankündigte, sein Ziehsohn werde die besten Kleider und Waffen haben, den Sieg in der Schlacht, die Gabe der Dichtkunst, und werde von allen geehrt sein, setzte Þórr Flüche dagegen: weder Haus noch Land werde Starkaðr besitzen, ein Geizkragen werde er sein und nie das Gefühl haben, genug Schätze zu besitzen; in jeder Schlacht werde er eine Wunde davontragen, sich die Gedichte nicht merken können, die er machte, und obwohl die Edlen ihn hoch ehrten, werde er für die einfachen Leute furchtbar und verhasst sein. Auf dieses Schicksal einigte sich das Götterkollektiv für Starkaðr und er wurde zurück zum Lager gerudert. Hrosshárs-Grani forderte eine Belohnung für das, was er in dieser Nacht getan hatte, und Starkaðr stimmte dem zu. „Gib mir den König“, sagte der alte Mann und gab Starkaðr einen getarnten Speer, der wie ein Schilfrohr aussah.

Am nächsten Tag stellte Starkaðr der Ratsversammlung einen Plan vor. Sie sollten den König zum Schein opfern. Er suchte einen Baum mit einem niedrigen Zweig aus und unter den Zweig wurde ein Baumstumpf gestellt. Ein Kalb wurde geschlachtet und seine Eingeweide zu einer Schlinge gedreht. Auch Víkarr sah es so, dass keinerlei Gefahr darin bestehen konnte, wenn er auf dem Baumstumpf stand und die Schlinge, die vom Ast baumelte, nur locker um seinen Hals lag. So stand er da und Starkaðr piekste ihn mit dem Schilfrohr in seiner Hand und den Worten: „Jetzt gebe ich dich Óðinn!“ Doch als er Víkarr stach, zog sich die Schlinge um den Hals des Königs zu, der Ast schnellte nach oben, der Stumpf, auf dem der König stand, rollte fort – und aus dem harmlosen Schilfrohr wurde ein Speer. Durchbohrt und erhängt starb Víkarr als Òðinns-Opfer. Ein Held mehr für Valhöll, aber Starkaðr trieb man in die Verbannung.

Diese Tat zählte als genug Schurkerei für Starkaðrs ganzes Leben. Aus anderer Quelle hören wir, dass er, zweifellos wegen seines Riesen-Erbguts, mit vier zusätzlichen Armen zur Welt kam. Die riss ihm Þórr netterweise ab, sodass er ein bisschen menschlicher aussah. Nach Víkarrs Tod ging Starkaðr auf Beutezüge in verschiedene Länder, wo er beachtliche Siege errang. Er entwickelte einen faszinierenden Hass auf Schauspieler und andere Künstler; Uppsala, wo er bei einer der großen Opferfeiern anwesend war, musste er verlassen, weil er die „weibischen Körperbewegungen“ der Teilnehmer nicht aushalten konnte, und in Irland ließ er eine Schauspieler- und Sängertruppe gründlich auspeitschen. Zwar hatte er im Dienst der dänischen Krone gestanden, doch nach dem Mord an König Frodi von Dänemark verließ Starkaðr den Hof seines Sohnes Ingeld, dessen Selbstgefälligkeit ihn abstieß, und reiste weit und breit umher.

Gerade rechtzeitig kehrte er nach Dänemark zurück; Ingelds jüngere Schwester war einem Norweger namens Helgi versprochen, aber ein Haufen barbarischer Kriegerbrüder unter der Führung von Angantýr (mehr zu ihm später) forderte Helgi zum Kampf um die Hand der Braut heraus. Starkaðr erklärte sich bereit, ihnen im Zweikampf zu begegnen, und tötete sie alle, obwohl er schwer verwundet auf dem Platz blieb und seine Eingeweide aus einer riesigen Wunde heraushingen. Starkaðr lehnte sich an einen Stein. Ein Mann, der einen Wagen lenkte, hielt an und wollte ihm gegen eine Belohnung helfen, aber Starkaðr beschloss, der Mann sei von zu niedriger Geburt, und beleidigte ihn einfach – aus jener Verachtung gegenüber einfachen Leuten, mit der Þórr ihn geschlagen hatte. Ein weiterer Retter erschien, aber als der verletzte Held ihn ausfragte, gab dieser Mann zu, er habe eine Magd geheiratet. Damit war auch er disqualifiziert. Ebenso wurde eine Sklavin abgewiesen; am Ende durfte ein frei geborener Hofbesitzer Starkaðrs Bauch verbinden und ihm seine Gedärme wieder in den Leib stopfen.

Starkaðr kehrte an Ingelds Hof zurück, stellte aber zu seiner

Der alternde Starkaðr bietet Hather einen Sack Gold an, damit der Jüngere ihn tötet. Olaus Magnus (1555)

Bestürzung fest, dass Ingelds deutsche Frau interessante europäische Edelküche (Sauce zum Fleisch!), Sitzkissen, Musiker (für ihn ein besonders rotes Tuch, wie wir wissen), geistreiche Gespräche und verzierte Weinpokale in Mode gebracht hatte. Das Schlimmste aber: Ingeld hatte den Männern, die seinen Vater ermordet hatten, vergeben und ihnen höhere Ehren verliehen. In einem langen Gedicht geißelte Starkaðr all jene dekadenten Bräuche, von denen er sich umgeben sah; das zitiert Saxo Grammaticus ausführlich auf Latein. Die erwünschte Wirkung trat ein; Ingeld sprang auf, zog sein Schwert und erschlug die Mörder seines Vaters auf der Stelle. Die Königin mit ihrem Hang zu schicken Sachen bekam hastig eine Scheidung ab.

Nach vielen weiteren Schlachten war Starkaðr so abgekämpft, dass er nicht länger leben wollte, und an Altersschwäche zu sterben, hielt er für unheroisch. Er durchstreifte das Land auf der Suche nach jemandem, der ihn tötete, mit einem Sack Gold um den Nacken, der die Belohnung für einen Freiwilligen sein sollte. Nachdem er (wie es zu seinem Klassendenken passte) das Angebot eines Bauern, ihn zu töten, ausgeschlagen hatte, stieß er auf Hather, den Sohn eines der vielen Männer, die er erschlagen hatte. Hather war durchaus bereit, sowohl aus Rache für seinen Vater als auch in der Hoffnung auf die Prämie. Der alte Mann drängte seinen Gegner, ihm den Kopf abzuschlagen und, während er wegflog, zwischen Kopf und Rumpf durchzulaufen, denn dadurch werde Hather auf magische Weise für jede Waffe unverwundbar. Und wirklich hackte Hather den Kopf ab, aber zwischen Kopf und Körper zu gehen, riskierte er nicht. Starkaðrs Kopf flog durch die Luft, wobei die Zähne knirschten, fiel und grub sich tief in ein Grasbüschel. Der Rat war bloß ein Trick gewesen: wäre Hather dem Körper zu nahe gekommen, wäre der auf ihn gekippt und hätte ihn durch sein Gewicht sofort getötet. Starkaðr wurde mit allen Ehren an Ort und Stelle in einem Hügelgrab beigesetzt. Für sein Verhalten wird Þórr die Schuld gegeben, aber die Entscheidung, seinen Freund Víkarr zu verraten, steht am Anfang einer Karriere kompromissloser Gewalt, die von jedem ethischen Verständnis oder dem Bedürfnis, anderen zu helfen, frei ist. Starkaðrs Art des Heldentums entfremdet ihn allen Menschen um ihn herum – eine Warnung vor den Auswirkungen übertriebener männlicher Aggression und Ehrbesessenheit.

Ragnarr Zottelhose – der andere Drachentöter

Der Jarl von Gautland in Südschweden liebte seine Tochter Þóra so sehr, dass er beschloss, ihr eine kleine glänzende Schlange zu schenken, die er gefunden hatte. Þóra fragte ihn, was die Schlange denn wachsen lassen werde, und es stellte sich heraus, dass die Antwort darin bestand, ihr jeden Tag eine neue Goldmünze unterzuschieben – denn wie wir schon wissen, sind germanische Drachen extrem versessen auf Schätze. Es dauerte nicht lang, da war die Schlange riesengroß, lag auf einem gewaltigen Goldhaufen und fraß jeden Tag einen ganzen Ochsen. Der Wurm hatte sich rund um Þóras Unterkunft geringelt und war freundlich zu ihr, aber feindlich zu jedem anderen. Um dieses Monster musste sich jemand kümmern, also verkündete der König, wer es töte, werde die Hand seiner Tochter erhalten – und als Mitgift den Drachenhort. Niemand wagte sich der Kreatur zu stellen, bis der junge Ragnarr, der Sohn des Königs von Dänemark, von der Schlange und der Belohnung hörte. Er legte einen Mantel und eine Hose zurecht, die aus zottigem Fell bestanden, und ließ sie in Pech tränken. Dann setzte er nach Gautland über.

Ragnarrs Waffe war ein Speer, aus dem er nun einen der Nägel zog, die die Spitze festhielten. Dann wälzte er sich in Sand, der gut am Pech haftete, und griff das Monster mutig an. Er stach den Speer hinein; als die Bestie sich in ihren Todeszuckungen wand, blieb die gelockerte Speerspitze in ihrem Leib stecken. Rasch zog sich Ragnarr zurück, als eine Riesenwelle giftigen Blutes aus dem Monster hervorbrach; dank seinem Fell- und Pechanzug blieb er unverletzt. Als er den Hof des Jarls aufsuchte, um die Belohnung zu fordern, konnte er beweisen, dass er der Drachentöter war, indem er vorführte, wie sein Speerschaft zu der Spitze passte, die im Leichnam des Untiers steckte, und so gewann er Þóras Hand. Ein prächtiges Festmahl wurde ausgerichtet, und die beiden wurden vermählt. Das Paar hatte zwei tapfere, heldenhafte Söhne, dann aber wurde Þóra krank und starb. Von ihrem Tod war Ragnarr so tief getroffen, dass er sein Königreich verließ und raubend und plündemd über die Meere segelte.

Eine neue Frau – und eine neue Garnitur Söhne

Vor ihren katastrophalen Hochzeiten mit zwei anderen (siehe Kapitel 4) hatten Brynhildr und Sigurðr miteinander eine Tochter zustande gebracht, die kleine Áslaug, so erzählt es uns jedenfalls die *Ragnarrs saga*. Als Brynhildr aufbrach, um Gunnarr zu heiraten, ließ sie das Kleinkind bei ihrem Pflegevater Heimir. Nachdem Heimir die Nachricht vom schrecklichen Geschehen am Hof der Gjúkungen erreicht hatte, brach er mit Áslaug und einer beachtlichen Menge Gold auf, beides im Gehäuse seiner Harfe versteckt. Am Ende wurde er von gierigen norwegischen Bauern ermordet, die das Gold stahlen und Áslaug als ihr eigenes Kind großzogen, wozu sie ihr Dreck ins Gesicht schmierten, damit ihre Schönheit verborgen blieb und sie sich für nichts Besseres hielt.

Áslaug, in ihr Fischernetz gekleidet, mit ihrem bellenden Gefährten, bereit, vor Ragnarr Zottelhose zu erscheinen. Mårten Eskil Winge (Stich nach einem Gemälde von 1862).

Ragnarrs gelöste Rätsel

Ragnarr befahl, dass Áslaug folgendermaßen vor ihm erscheinen sollte: „weder bekleidet noch nackt, weder mit nüchternem Magen noch nach dem Essen, weder allein noch mit jemand anderem" – ähnlich wie im späteren Grimmschen Märchen *Allerleirauh*. Weil Áslaug ein kluges Mädchen war, warf sie sich ein Fischernetz um den Leib und ließ die Haare offen hängen, leckte an einer Zwiebel, sodass ihr Atem danach roch, und nahm den Familienhund mit zum Schiff. Von ihrem Scharfsinn beeindruckt, gewährte ihr Ragnarr das freie Geleit, um das sie bat. Als der Hund einen der Seefahrer biss, erwürgten sie ihn mit einer Bogensehne, ein frühes Zeichen dafür, dass Ragnarr nicht immer Wort hielt.

Als Áslaug erwachsen war, legte zufällig in der Nähe die Besatzung von Ragnarr Zottelhoses Schiff an, um Proviant zu laden, und trotz Áslaugs Tarnung erkannten sie, wie schön sie war, und meldeten das Ragnarr. Prompt schickte er jemanden nach ihr, befahl ihr, vor ihn zu treten, und diktierte dazu Bedingungen in Rätselform. Die schlaue Áslaug merkte, dass das ihre große Chance war, ihren grausamen Stiefeltern zu entkommen, und sie erfüllte Ragnarrs Bedingungen und kam so zu seinem Langschiff. Prompt bot ihr der König die Ehe an und löste sein Versprechen auch tatsächlich ein. Vor der Hochzeitsnacht riet Áslaug ihrem frisch gebackenen Mann eindringlich, sie sollten mit dem Vollzug der Ehe drei Nächte warten, weil es unter schlechten Vorzeichen stehe, wenn sie in dieser Nacht empfange. Aber Ragnarr kümmerte sich nicht um ihre Bitte – und die Folge war, dass ihr erster Sohn Ívarr mit Knorpeln statt Knochen zur Welt kam. Er konnte weder laufen noch kämpfen und wurde deshalb später als Ívarr der Knochenlose bekannt. Danach richtete sich Ragnarr ein bisschen mehr nach dem Rat seiner Frau und bald hatten sie einen Stall voller hübscher Söhne.

Dennoch wusste Ragnarr nicht, dass seine Frau eigentlich nicht die Tochter der abstoßenden norwegischen Bauern war. Nach einer Weile beschloss er, es sei strategisch klug, wenn er die Tochter des schwedischen Königs heiratete. So ging er als Werber in eigener Sache nach Uppsala; die Verbindung war schon so gut wie abgemacht, da flogen drei Vögel, die mit angehört hatten, was vor sich ging, nach Dänemark und meldeten Ragnarrs Frau sein Doppelspiel – denn sie hatte die Fähigkeit ihres Vaters geerbt, die Sprache der Vögel zu verstehen. Als Ragnarr heimkam und sich ein Herz fasste, um Áslaug von seinen Plänen zu berichten, machte sie ihm deutlich, dass sie erstens wusste, was er im Schilde führte, und zweitens die Tochter des berühmtesten Helden des Nordens war, Sigurðrs des Drachentöters. Und um die Wahrheit ihrer Worte zu beweisen, werde der Sohn, den sie im Leib trage, mit schlangenförmigen Pupillen zur Welt kommen, als Zeichen für die größte Heldentat seines Großvaters. Und so wurde das Baby namens Sigurðr Schlange-im-Auge geboren – und von Ragnarrs neuen Hochzeitsplänen hörte man nichts mehr.

Eine magische Kuh

Die Geheimwaffe der Schweden war eine Zauberkuh namens Sibilja, deren Name „Ewig-Brüllerin" bedeutet. Ihre magische Macht wurde durch Opfer aufrechterhalten; wenn sie in den Kampf geschickt wurde, erzeugte ihr Brüllen solche Panik im feindlichen Heer, dass man sich dort gegenseitig bekämpfte. Außerdem spießte Sibilja Feinde mit den Hörnern auf. Gegenstrategien, etwa genug Kampflärm zu machen, um das Brüllen zu übertönen, funktionierten nicht besonders gut, aber als triumphaler Höhepunkt schoss Ívarr Sibilja ins Auge und sie fiel mit dem Kopf voran hin. Da stieß Ívarr sich ab und landete auf ihr, erhöhte dabei durch Zauberei sein Gewicht und brach ihr so den Rücken. Als Schlussakzent riss er ihr den Kopf ab. Natürlich flohen die Schweden.

Der König von Schweden war verärgert, einmal, weil seine Tochter enttäuscht war, und außerdem, weil Ragnarrs älteste zwei Söhne von seiner ersten Frau Þóra plündernd nach Schweden kamen; so nahm er sie gefangen und tötete beide. Als diese Nachricht Dänemark erreichte, war es die Stiefmutter Áslaug, die ihre eigenen Söhne aufpeitschte, sie müssten für ihre erschlagenen Halbbrüder Rache nehmen, und die sich an die Spitze der Invasionsarmee von See her setzte. Chefstratege des Feldzugs war Ívarr der Knochenlose, seiner Behinderung zum Trotz. Er ließ sich auf einem Schild tragen, der auf vier Speerspitzen ruhte, befehligte so die Krieger und errang den Sieg.

Ragnarrs Söhne plünderten erfolgreich England, unternahmen Raubzüge in großen Teilen Europas und waren drauf und dran, auch Rom anzugreifen, eine Tat, die nur durch einen schlauen Schuster vereitelt wurde: er zeigte seinen Sack reparaturbedürftiger Schuhe vor; „Seht!", sagte er und leerte den Sack aus. „All diese Schuhe habe ich durchgelaufen, während ich von Rom kam." Diese altbekannte Märchenlist überzeugte die Brüder, dass Rom viel zu weit weg lag, um

Ragnarr stirbt in König Ellas Schlangengrube.
Französischer Holzschnitt (um 1860).

die Mühe wert zu sein. Ragnarr selbst unternahm gegen den Rat seiner Frau einen letzten unheilvollen Raubzug gegen England. König Ella von Northumbrien nahm ihn gefangen und warf ihn in seine Schlangengrube. Obwohl der König ein langes Gedicht über seine vielen Großtaten vortrug, bissen die Schlangen ihn am Ende ins Herz. Also kriegten die Reptilien ihn zum Schluss doch noch, eine Ironie, wenn man an sein erstes großes Abenteuer denkt.

Als ein Bote Ragnarrs Söhnen – und seiner Frau – die Nachricht von seinem schändlichen Tod brachte, schien niemand zu reagieren. Aber der Sohn, der gerade beim Brettspiel saß, drückte seine Spielfigur so fest, dass ihm das Blut unter den Fingernägeln herausschoss, der andere, der den Schaft seines Speeres glättete, schnitt sich ein Stück Fleisch aus dem Finger, und ein dritter, der seinen Speer hielt, ließ seinen Handabdruck im Holz zurück, ehe der Speer entzweibrach. Ívarrs Gesichtsfarbe wechselte in rascher Folge von Weiß über Rot nach Schwarz. Das meldete der Bote König Ella, der nun wusste, dass die scheinbare Gelassenheit der Brüder täuschte. Und richtig, bald fielen sie in England ein und suchten den Kampf mit Ella. Erst sah es so aus, als ließe sich die Angelegenheit durch ein Blutgeld regeln; Ella gab Ívarr etwas Land, aber durch den wohlbekannten Trick, eine Ochsenhaut in schmale Riemen zu schneiden und alles Land zu beanspruchen, das sich darin einschließen ließ, nahm sich Ívarr genug Land, um darauf London zu gründen. Wutentbrannt griff Ella an, geriet in Gefangenschaft und der „Blutadler“ (dazu S. 180) wurde in seinen Rücken geschnitten. Er starb unter Qualen. Ívarr beschloss, künftig England zu beherrschen, und überließ das Königreich Dänemark seinen Brüdern.

So ähnlich wie Sigurðr konnte Ragnarr seine erste große Tat nie überbieten – die Tötung der großen Schlange, die sich um Þóras Gemach ringelte. Seine Hinterlist im Umgang mit seiner charismatischen Frau – er tötet ihren Hund, schlägt ihren Rat zum Vollzug der Ehe in den Wind und beabsichtigt schließlich, die Tochter des Schweden-

Der Blutadler

Der Blutadler-Ritus ist eine sagenumwobene Strafe, die an ganz speziellen Feinden vollsteckt wird. Der Vollstrecker schneidet die Rippen vom Rückgrat los, zerrt dann die Lungen des Opfers heraus und arrangiert sie so auf dessen Rücken, dass sie wie Flügel aussehen – alles als Opfer an Óðinn. Es ist äußerst unwahrscheinlich, dass diese Strafe je vollzogen wurde; die Vorstellung scheint sich von einem missverstandenen Vers herzuleiten, in dem ein Adler in seiner Eigenschaft als Schlachttier den Rücken des toten Ella mit seinen Klauen zerfetzt, als er an der Leiche frisst. Der mächtige Jarl von Orkney, Torf-Einarr, soll auf diese Weise einen Sohn von König Haraldr Schönhaar getötet haben, aber das sind auch schon die einzigen zwei Belege in der altnordischen Überlieferung

königs zu heiraten – macht ihn zu einem eher unattraktiven Helden. Dagegen hören Ragnarrs Söhne auf die Weisheit ihrer Mutter und erobern weite Landstriche. In Ívarr treffen wir auf eine neue Art Held, einen, der stark behindert ist und dennoch ein Heer führen kann. Er ist ein Meisterstratege, der das Hirn und nicht die Muskeln einsetzt.

Die Männer von Hrafnista

Eine bemerkenswerte Heldendynastie ist die Linie von Ketill hængr, dessen Spitzname „Lachs" bedeutet. Mit seinen Eltern lebte Ketill auf der Insel Hrafnista (dem heutigen Ramsta) in Norwegen, und er war ein schwieriger Junge, ein weiterer „Kohlenbeißer". Im Haus war Ketill zu nichts zu gebrauchen und stritt viel mit seinem Vater Hallbjörn Halbtroll, aber am Ende machte er sich. Als er eines Tages im Nordteil der Insel herumwanderte, stieß er auf einen fliegenden Drachen, aus dessen Maul und Augen Feuer sprühte. In diesem Teil der Insel angelte Ketill sonst immer, und er dachte sich, dass er noch

Sögu-þátti
af
Hallbirni Hálftröll
Katli Hæng oc Grim Lodinkinna
Hrafnistumönnum

1. Capituli

Hallbiorn hét madr kalladr Hálftröll

Ein neuzeitlichen Manuskript der *Ketills saga hængs*.

Kampf zwischen einem Krieger und einem weiblichen Meertroll.
Aus dem *Flateyjarbók*, einer isländischen Handschrift des 14. Jahrhunderts.

nie einen Fisch wie diesen gesehen hatte. Als der Drache ihn angriff, hackte ihn Ketill mutig mit der Axt durch; er sagte seinem Vater anschließend, er habe einen richtig großen Lachs getötet – daher sein Spitzname.

Außerdem erledigte Ketill einige menschenfressende Riesen, die das Volk von Hrafnista angriffen, und bestand weitere Abenteuer im hohen Norden. Ein Winter, den er mit dem Riesen Brúni und dessen Familie verbrachte, führte zu einer Liebesaffäre mit Brúnis Tochter Hrafnhildr – und einem Sohn, Grímr Zottelwange. Hallbjörn aber weigerte sich, Hrafnhildr als Schwiegertochter zu akzeptieren, und nannte sie einen Troll (ziemlich grob von einem Mann, der den Spitznamen „Halbtroll" trug); so segelte Hrafnhildr von Hrafnista weg und ließ ihr Kind zurück. Von einem lappischen Zauberer, Brúnis Bruder, bekam Ketill einige magische Pfeile und ein prächtiges Schwert. Berühmt wurde er als Trolltöter und durch seine Kämpfe gegen skrupellose Wikinger, aber niemals vergaß er seine Trollgeliebte, und als er eine Menschenfrau heiratete, nannte er seine Tochter in Erinnerung an sie Hrafnhildr.

Als sein Vater starb, übernahm Grímr die Herrschaft in Hrafnista. Er sollte die Tochter eines mächtigen Adligen heiraten, die aber sieben Nächte vor der Hochzeit verschwand. Alles deutete darauf hin, dass die Stiefmutter des Mädchens mit ihrem Verschwinden zu tun hatte, eine Frau aus dem hohen Norden, der man magische Kräfte nachsagte. Grímr reiste hin und besiegte mehrere Trollfrauen und Riesen. Schwer verletzt, nahm er widerwillig die Hilfe einer besonders hässlichen Trollin an; ihr Preis für seine Heilung bestand darin, dass er sie küssen und schließlich das Bett mit ihr teilen musste. Widerstrebend fügte sich Grímr, aber als er am Morgen erwachte, stellte er fest, dass die scheußliche Trollfrau, von der der Zauber jetzt abgefallen war, niemand anderes war als seine verschollene Verlobte, seine geliebte Lofthæna. Das wiedervereinte Paar heiratete und bekam einen Sohn: Pfeil-Oddr.

Oddr erbte die Zauberpfeile seines Großvaters und hatte ein langes, ereignisreiches Leben. In seiner Jugend weissagte eine wandernde Seherin, dass sein Tod, egal wie weit er in seinem dreihundertjährigen Leben auch reisen sollte, durch den Kopf seines Pferdes Faxi eintreten werde. Oddr und sein Ziehbruder ritten das Pferd in ein entlegenes Tal, hoben ein tiefes Loch aus und begruben das Tier bei lebendigem Leib. Danach hatte Oddr jede Menge Abenteuer, kämpfte gegen Wikinger, errang von einer irischen Prinzessin ein Zauberhemd, das unverwundbar machte, bekehrte sich zum Christentum und gewann die große Schlacht von Sámsey gegen die zwölf Berserkerbrüder unter der Führung von Angantýr (dazu später mehr). Schließlich beschloss Oddr, die Schauplätze seiner Jugend zu besuchen und kam an den Hügel, unter dem das Pferd begraben war. Obenauf lag ein Pferdekopf, der noch von Haut überzogen war. Oddr – der sicher war, dass er die Weissagung der Seherin längst überlebt hatte – gab dem Kopf einen Stoß mit seinem Speer und drehte ihn auf die andere Seite. Unter dem Kopf heraus kroch eine Giftotter; sie stieß auf Oddr zu und versenkte ihre Zähne in seinen Fuß. Oddrs Bein schwoll an und wurde bis zum Oberschenkel schwarz, also wusste er, dass seine Tage gezählt waren. Seine Männer trugen ihn ans Ufer, wo er ein langes Gedicht vortrug, das seine vielen ruhmreichen Taten aufzählte. Dann starb er und seine Leute verbrannten die Leiche mit seinem Schiff. Damit endete die Linie der

Männer von Hrafnista jedoch nicht, denn Ketills Tochter Hrafnhildr war die Ahnin vieler berühmter Männer, darunter einige jener isländischen Siedler, die später die Geschichten ihrer Vorfahren erzählten.

Zwölf Berserkerbrüder auf einer Insel

Oddrs vielleicht größte Tat war die gewaltige Schlacht, die er zusammen mit seinem engen Freund Hjálmarr auf der Insel Sámsey (Samsø, gelegen zwischen Schweden und Dänemark) lieferte. Angantýr und seine elf Brüder waren die Söhne eines großen Häuptlings und der zweite Sohn, Hjörvarðr, war auf seinen Ruf als Plünderer und Räuber so stolz, dass er beschloss, er werde die Tochter des Königs von Schweden heiraten. All seine Brüder begleiteten ihn auf seiner Brautfahrt nach Uppsala und dort bat Hjörvarðr um die Hand der Prinzessin. Aber der weise Hjálmarr, der dem schwedischen König lange gedient hatte, ergriff das Wort und fragte, ob nicht er die liebreizende Prinzessin Ingibjörg heiraten könne. Der König forderte Ingibjörg auf, den Freier zu wählen, der ihr lieber sei, und sie entschied sich für Hjálmarr, einen Mann von gutem Ruf, gegen den Piraten Hjörvarðr und seine *berserkir*-Brüder. Umgehend forderte Hjörvarðr Hjálmarr zum Kampf heraus; der Sieger sollte Ingibjörg heiraten.

Die Brüder reisten nach Sámsey, wo Hjálmarr und sein Freund Pfeil-Oddr sie schon erwarteten. Angantýr hatte vor der Schlacht einen Unheil verkündenden Traum, aber sein Vater machte ihm Mut, indem er ihm ein Zauberschwert schenkte, Tyrfingr, das Zwerge geschmiedet hatten und das den sicheren Sieg brachte. Hjálmarr schätzte seine Chancen schlecht ein, als er die Brüder auf der Insel landen sah, und sagte voraus, am nächsten Abend würden sie alle die Gäste Óðinns in Valhöll sein. Oddr machte seinem Freund Mut und der Kampf begann.

Die Berserkerwut überkam die Brüder; sie heulten und bissen in ihre Schilde. Hjálmarr beschloss, es mit Angantýr und seinem Zauberschwert aufzunehmen, das wie ein Sonnenstrahl glänzte, während Oddr, der das Zauberhemd trug, das ihm die irische Prinzessin gewebt hatte, gegen den Rest kämpfte.

Berserkerkrieger unter den Lewis-Schachfiguren, die auf ihre Schildränder beißen.

Berserkir

Berserkir (Berserker) waren eine besondere Art Krieger, die vor dem Kampf aufheulten und in ihre Schilde bissen. Vielleicht trugen sie Bärenfelle (daher ihr Name „Bärenhemden" – ein anderes Wort für sie ist *úlfheðnar* oder „Wolfspelze"), aber das Wort *berserkir* kann ebenso gut „bare (bloße) Hemden" bedeuten, also Krieger, die keine Rüstung trugen. Man hat vermutet, dass sie zur Anregung ihrer Kampfeswut eine Art Halluzinogen einnahmen. In den Sagas schließen sich Berserker zu asozialen Banden zusammen, ziehen von Hof zu Hof und drohen, die Frauen zu vergewaltigen, es sei denn, jemand stellt sich ihrem Anführer im Zweikampf. In einer Saga erledigt der Held einen Berserker, der vor dem Kampf auf seinem Schild kaut, indem er den Schild kräftig nach oben stößt und seinem Feind damit den Kiefer ausreißt!

Zwar erschlug Oddr alle elf Brüder, doch als er wieder zu Hjálmarr stieß, stellte er fest, dass sein Freund zwar tatsächlich Angantýr getötet hatte, aber von sechzehn Wunden getroffen war und im Sterben lag. Hjálmarr klagte über sein Geschick und bedauerte, dass er, dem daheim in Schweden fünf ganze Güter gehörten, jetzt sterbend auf Sámsey liege. Nie mehr werde er den schönen Gesang der Frauen von Uppsala hören oder Ingibjörg in seinen Armen halten. Oddr gab er einen Ring für die Prinzessin, der er erzählen sollte, wie heldenhaft Hjálmarr gefallen sei. In seiner letzten Strophe sah Hjálmarr seinem Schicksal ins Auge:

> Ein Rabe fliegt vom hohen Baum;
> der Adler fliegt als Begleiter mit;
> ich gab dem Adler seine letzte Mahlzeit,
> jetzt wird er mein Blut kosten.
> *Hjálmarrs Sterbelied, Str. 10*

So starb Hjálmarr; die Nachricht und Hjálmarrs Leiche brachte Oddr zurück nach Schweden, wo auch Ingibjörg vor Schmerz starb. Angantýr und seine Brüder wurden allesamt in Grabhügeln auf Sámsey beigesetzt – dazu das kostbare Schwert Tyrfingr.

Hervör birgt das Schwert

Angantýr hinterließ eine Tochter, die erst nach seinem Tod zur Welt kam und Hervör hieß. Sie wuchs zu einem kühnen, tapferen Mädchen heran, das sich weigerte, zu nähen und zu weben, denn Schwerterklirren und Speerwurf waren ihr lieber. Ihr Großvater hatte versucht, sie in die Schranken zu weisen, aber wann immer man sie tadelte, lief sie in den Wald und lauerte Männern auf, um deren Geld zu stehlen. Als einige Leibeigene sie mit der Behauptung beleidigten, ihr Vater sei ein Mann von niedriger Geburt gewesen, erfuhr Hervör von ihrer Mutter dessen wahre Identität. Sie legte die Frauenkleider ab, gesellte sich zu einer Wikingermannschaft und segelte nach Sámsey.

Trotz aller Warnungen, dass auf der Insel nicht alles geheuer sei, landet Hervör allein dort und begibt sich zu den Grabhügeln. Hier ruft sie ihren Vater und ihre Onkel beim Namen und verlangt, dass Angantýr das berühmte Schwert herausgibt. Unheimliche Flammen züngeln über den Grabhügeln, die sich öffnen; an ihren Eingängen stehen die Toten. Erst bestreitet Angantýr, dass er das Schwert hat, dann warnt er, dass ein Fluch darauf liegt – Hervörs Nachkommen werden sich damit gegenseitig umbringen –, aber schließlich gibt er es ihr widerwillig mit den Worten:

> Junges Mädchen, ich sage, du bist nicht wie die meisten Männer,
> dass du nachts um Grabhügel streichst
> mit einem gravierten Speer und im Metall der Goten [= Rüstung].
> Helm und Panzer vor den Hallentoren.
> *Die Erweckung Angantýrs, Str. 21*

Und wirklich ist Hervör nicht wie die meisten Männer – oder Frauen. Sie nimmt das Schwert aus den Händen des Toten und kehrt im Triumph zu ihrem Schiff zurück, mit dem sie geraume Zeit ihre Karriere als Wikinger fortsetzt und Raubzüge rund um die Ostsee verübt. Am Ende heiratet Hervör und hat zwei Söhne, der eine heißt nach ihrem Vater Angantýr und der andere Heiðrekr. Heiðrekr tötet seinen Bruder bei einer Art Unfall und wird verbannt; seine Mutter schenkt ihm Tyrfingr.

Heiðrekr ist gerissen und überlistet seine Feinde leicht, obwohl er ebenso viel Böses wie Gutes tut. Er heiratet die Tochter des Kaisers von Konstantinopel und hat eine Tochter, die ebenfalls Hervör heißt. Doch außerdem hatte er einen Feind, einen weisen Mann namens Gestumblindi, und den lädt er, König Heiðrekr, an seinen Hof. Gestumblindi fürchtet, dass der König ihm übel will, und ist deshalb sehr erleichtert, als ein geheimnisvoller Fremder in sein Haus kommt und anbietet, an seiner Stelle zum König zu gehen. Der falsche Gestumblindi beginnt einen Rätselwettkampf mit Heiðrekr und verblüfft den König am Ende mit der Killerfrage: „Was flüsterte Óðinn in Baldrs Ohr, als der auf dem Scheiterhaufen lag?" Heiðrekr begreift, dass sein Widersacher kein anderer sein kann als der Gott persönlich, reißt Tyrfingr heraus und schlägt nach ihm. Aber Óðinn verwandelt sich in einen Falken und hat gerade noch Zeit genug, um Heiðrekr zu verfluchen: er werde den Tod finden von der Hand „der schlimmsten Leibeigenen". Tyrfingr säbelt die Schwanzfedern des Falken ab (deswegen haben Falken einen kurzen Schwanz), aber der Gott entkommt. Und richtig, kurz darauf wird Heiðrekr ehrlos im Bett von einer Bande Leibeigener vornehmer Herkunft erschlagen, die er auf seinen Streifzügen durch die Britischen Inseln gefangen und versklavt hat. Der Rest der Saga berichtet, welche Rolle Tyrfingr auch weiterhin für das Schicksal der Dynastie spielt, und erzählt auch die berühmte Schlacht zwischen den Goten und den Hunnen, in denen Heiðrekrs Söhne sich als Gegner wiederfinden. Der eine erschlägt den anderen tatsächlich mit dem verfluchten Schwert.

Gestumblindis Rätsel

Die Rätsel des falschen Gestumblindi sind ein ziemlicher Mischmasch. Einige sind traditionell: „Was habe ich gestern getrunken, das weder Wasser noch Wein noch Bier noch irgendein Essen war?" (Antwort: Morgentau) Ein anderes lautet: „Welches Geschöpf hat acht Beine und vier Augen und die Knie über dem Bauch?" (Die Antwort ist – natürlich – eine Spinne.) Wieder andere sind sehr verwickelt: bei einem lautet die Antwort „ein totes Pferd auf einer Eisscholle, die einen Fluss hinabtreibt, während eine Schlange auf dem Kadaver sitzt"– das errät man nicht so leicht. Tolkien fand in dieser Saga die Anregung zu Bilbos Rätselwettkampf mit Gollum in *Der Hobbit*, obwohl Bilbos unlösbare Frage „Was habe ich in meiner Tasche?" von der kosmischen Frage zu Baldr weit abweicht, mit der Óðinn den Wettkampf abschließt.

Eine Szene, die vielleicht die Hjaðningavíg darstellt. Eine angreifende Streitmacht von See begegnet einer Landarmee, während zwischen ihnen eine Frauenfigur steht. Bildstein Lärbro Stora Hammars 1, Gotland.

Ewiger Konflikt auf Orkney

In Kapitel 2 haben wir erfahren, dass Freyja die Hjaðningavíg ausgelöst hat, die endlose Schlacht, die bis zur *ragnarök* wüten wird. Folgendermaßen kam es dazu: Heðinn, der Fürst von Sakland, traf eines Tages auf einer Lichtung eine Frau. Sie nannte sich Göndul (ein wohlbekannter Name für Walküren) und machte Heðinn Mut, König Högni aufzusuchen und seine Kräfte mit ihm zu messen. Gern machte Högni bei dem Wettkampf mit, zu dem Schwimmen, Schießen, Zweikampf und Reiten gehörten, und es erwies sich, dass die beiden Männer einander so gewachsen waren, dass sie Bruderschaft schworen. Heðinn war noch jung, Högni war etwas älter und hatte eine

Tochter namens Hildr. Wieder erschien Göndul Heðinn und gab zu, dass beide Männer gleich gut seien, nur habe Högni eine herrliche Königin und Heðinn nicht. Auf Heðinns Antwort, er könne Hildr heiraten, wenn er wolle, versetzte Göndul, besser sollte er Hildr entführen und ihre Mutter ermorden. Dann werde Högni gar keine Königin haben und Heðinn hätte unter Beweis gestellt, aus welchem Holz er geschnitzt sei, indem er sich Hildr gewaltsam holte. Diesem Plan folgte Heðinn und vergaß die Eide, die er geschworen hatte. Bei seiner Heimkehr fand Högni seine Frau tot und seine Tochter verschleppt, und er machte sich an die Verfolgung, die ihn auf Heðinns Spur bis zur Insel Hoy in den Orkneys führte. Angesichts von Heðinns Frevel war keine Vermittlung möglich, also begannen beide Seiten zu kämpfen. Jede Nacht belebte Hildr die Gefallenen erneut und an jedem Tag begann der Kampf von vorn, und so wird er fortgehen bis zur *ragnarök*.

Göndul, die übernatürliche Unruhestifterin, ist wahrscheinlich eine Erscheinungsform von Freyja; in einem Gedicht heißt es, dass der Göttin die Hälfte der Toten gehört, und in der späteren Version der Geschichte musste sie den Konflikt anzetteln, um den Halsreif *Brisinga men* von Óðinn zurückzubekommen. Laut anderen Varianten ist Hildr selbst eine Walküre und es braucht keine Göndul, um Heðinn zum Verrat anzustellen. In der wahrscheinlich ältesten Version war Hildr bereit, zwischen ihrem Vater und ihrem Liebhaber zu vermitteln, aber Högni hatte eines dieser Problemschwerter (wahrscheinlich ebenfalls Zwergenarbeit, wenn man nach dem Namen Dáinsleif geht, „Dáinns Erbstück"), die immer töten müssen, wenn man sie aus der Scheide gezogen hat – dadurch war der Kampf unvermeidlich. Hildr liebte aber beide Männer so sehr, dass sie es nicht ertragen konnte, wenn einer den anderen tötete, deshalb erweckt sie sie immer wieder zum Leben und sie nehmen ihren ewigen Streit erneut auf.

Anders als die von Schätzen und Rache besessenen Völsungen suchen diese Helden Ruhm durch Reisen und Landeroberung, durch treue Dienste für einen Herrn und recht oft auch durch kluges und strategisches Denken zu gewinnen. Und wie der Vater des Wikingermädchens Hervör bemerkt, ist sie offensichtlich nicht wie die meisten anderen Frauen – oder auch Männer –, was ihren Mut betrifft, mit dem sie ihr Erbe von den Toten einfordert. Gleichwohl konnten sich alle Helden, deren Geschichten in den letzten beiden Kapiteln erzählt worden sind, sicher sein, nach dem Tod den Weg nach Valhöll zu finden und dort zu den *Einherjar* zu stoßen, den heldenhaften Toten, die bei der *ragnarök* aufseiten der Götter kämpfen werden. Tatsächlich scheint die Hjaðningavíg überhaupt zu solchen Rekrutierungszwecken organisiert worden zu sein, obwohl diese Bestimmung an Hildrs Fähigkeit scheitert, die Gefallenen wiederzubeleben. Im letzten Kapitel werden wir sehen, wie es zur *ragnarök* kommt – und hören, was ihr folgt.

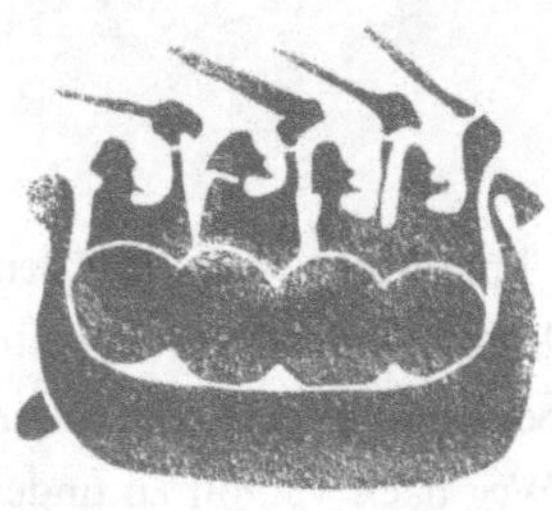

6 Endzeit – und Neubeginn

Wie wir wissen, hat Óðinn sein Auge in Mímirs Quelle geopfert, um dafür die Vorkenntnis der Zukunft zu gewinnen. Doch weiterhin sucht er obsessiv jene auf, die ihm vielleicht mehr verraten können. Die *Weissagung der Seherin* erzählt, was eine weise Frau auf Óðinns Fragen zu Vergangenheit und Zukunft antwortet. Ein Großteil dessen, was in diesem Kapitel folgt, stammt aus ihrem Bericht. Außerdem besucht Óðinn aber den Riesen Vafþrúðnir; obwohl ihn Frigg vor dem Abenteuer warnt, bricht Óðinn mutig auf und betritt das Haus des Riesen:

> Sei gegrüßt, Vafþrúðnir! Jetzt bin ich in die Halle gekommen,
> um dich persönlich zu sehen;
> das will ich zuerst wissen, ob du weise bist
> oder sehr weise, Riese!
> *Sprüche Vafþrúðnirs, Str. 6*

Vafþrúðnir stellt sich der Herausforderung, denn er erkennt den Gruß als Einladung, sich einem Weisheitswettstreit zu stellen, und den Einsatz gibt er vor: „wir wollen unsere Köpfe in der Halle verwetten, / Gast, auf unsere Weisheit“ (Str. 19). Gott und Riese tauschen verborgenes Wissen aus, über die ferne Vergangenheit, die Geschichte der Götter und die Zukunft: die Geschehnisse der *ragnarök*. Ein Wettkampf in Sachen Weisheit ist eine komplizierte Angelegenheit, denn der Sinn des Spiels liegt ebenso sehr darin, den Gegner auf dem falschen Fuß zu erwischen, wie darin, von ihm oder ihr zu lernen, und beide Beteiligten müssen genug wissen, um erkennen zu können, ob die Gegenseite lügt. Am Ende dieses Wettbewerbs scheint Óðinn genug über die *ragnarök* und das, was nach ihr kommt, gehört zu haben, also endet er mit seiner Lieblingsfrage ohne Antwortmöglichkeit:

> Viel bin ich gereist, viel habe ich versucht,
> viel habe ich an den Mächten erprobt;
> was sagte Óðinn seinem Sohn ins Ohr,
> ehe der den Scheiterhaufen bestieg?
> *Sprüche Vafþrúðnirs, Str. 54*

Und mit dieser Frage, weiß Vafþrúðnir, ist das Spiel vorbei, denn die Antwort kann allein Óðinn kennen. Mit dieser Einsicht endet das Gedicht; wir müssen annehmen, dass Vafþrúðnir seinen Kopf hergeben muss, wenn es auch vielleicht eine andere Frage ist, ob Óðinn ihn einkassiert.

Warum geht Óðinn auf diese lange Suche nach Weisheit und riskiert Kopf und Kragen, um die Informationen zu bestätigen, die er schon hat? Ein plausibler Grund ist ein zwanghafter Drang, zu überprüfen – und das wieder und wieder –, ob das Schicksal wirklich unentrinnbar ist. Gibt es irgendeine Möglichkeit, dass eines der vielen weisen Wesen im Universum eine andere Geschichte über die Zukunft kennt? Muss Óðinn auf den Wolf treffen und von ihm verschlungen werden? Muss die Welt in die Tiefe stürzen, in Flammen gehüllt, und unter dem Meer verschwinden? Wie wir wissen und wie es der Gott von denen, die er befragt, immer wieder hört, wird die *ragnarök* eines Tages tatsächlich kommen. Schon kündigen sich die Indizien für die Vernichtung der Welt an, denn Óðinns listige Frage zeigt, dass eines der Vorzeichen für das Ende bereits eingetreten ist; Baldr, der beste und hellste der Götter, ist tot.

Der Tod Baldrs

Von Baldr haben wir bisher nicht viel gehört, und das liegt hauptsächlich daran, dass zu ihm kaum mehr überliefert wird als die Ereignisse rund um seinen Tod. Snorri versichert uns, dass er strahlend schön ist (so sehr, dass eine Blume, und zwar *baldrsbrá*, eine Kamillenart, nach seinen Wimpern benannt ist). Alle lieben Baldr – er ist klug, weise, freundlich und mit Nanna verheiratet.

Eines Tages aber beginnt er böse Träume zu haben und nach der üblichen Beratung beschließen die Götter, von jedem geschaffenen Ding einen Eid zu verlangen, dass es Baldr nicht schaden wird. Óðinn selbst sattelt sein Ross Sleipnir, wie das ein besorgter Vater so tut, und bricht ins Königreich von Hel auf, um der Wahrheit auf den Grund zu gehen. Aber am Rand von Hels Reich trifft er einen blutüberströmten Welpen (vielleicht einen jungen Höllenhund), und statt zu Hels Halle weiterzureiten, beschließt er, eine tote Seherin aufzudecken, deren Grab in der Nähe liegt. Wie in seinen anderen Dialogen mit den Weisen verschleiert Óðinn auch diesmal seine Identität. Die mürrische Seherin bestätigt die Ängste des Fragenden:

> Für wen sind die Bänke mit Armreifen bedeckt,
> ist die Empore so schön mit Gold bestreut? [...]
>
> Hier steht Met, gebraut für Baldr,
> klare Flüssigkeit; ein Schild hängt darüber,
> die Æsir leben in entsetzter Erwartung.
> Widerstrebend habe ich's dir erzählt, jetzt werde ich schweigen.
> *Baldrs Träume, Str. 6–7*

Die Seherin verrät Óðinn weitere Einzelheiten, dann beendet er das Gespräch, indem er eine andere geheimnisvolle Frage stellt – anscheinend ein Rätsel über Wellen. Das reicht, um seine Identität zu enthüllen, und die Seherin weigert sich weiterzureden.

Óðinn reitet auf Sleipnir zu einem Besuch bei Hel und passiert einen Welpen mit blutiger Brust. W. C. Collingwood (1908).

Also scheint Baldr verloren zu sein. In Snorris Bericht ist es Frigg, die energische Mutter des Gottes, die sich systematisch durch die Schöpfung arbeitet und jeder Einzelheit den Schwur abnimmt, alles werde sich weigern, ihren Sohn zu verletzen. „Feuer und Wasser, Eisen und alle Arten Metall, Steine, die Erde, Holz, die Krankheit, Tiere, Vögel, Gift, Schlangen“ – alles schwört, ihm nicht zu schaden. Was kann denn dann zum Tod des Gottes führen? Um die einfache Mistel hat sich Frigg nicht gekümmert, denn die erschien ihr zu jung und zu zart, und das plaudert sie gegenüber einer neugierigen Frau aus, die sie in ihrer Halle Fensalir besucht. Das war ihr großer Fehler, denn die Frau ist Loki in Verkleidung und er macht sich diese Information zunutze.

Baldrs Tod. Christoffer William Eckersberg (1817).

Inzwischen haben die Götter an ihrem Versammlungsort einen Riesenspaß. Baldr steht in der Mitte und die anderen schleudern Projektile und Wurfgeschosse auf ihn. Alle Waffen prallen harmlos von ihm ab – was vielleicht zur Selbstgefälligkeit verleitet. Traurig am Rand der Gruppe steht Höðr, Baldrs Bruder, der blind ist und deshalb nicht mitspielen kann. Aber da dringt eine freundliche Stimme in sein Ohr und fragt, ob er's auch mal probieren möchte; ein schlanker Wurfpfeil wird ihm in die Hand gedrückt und der Sprecher führt Höðr so den Arm, dass er sein Ziel trifft (siehe S. 45). Baldr fällt; ein großes Wehgeschrei steigt von allen Göttern auf und im Tumult stiehlt sich Loki davon. Der Mistelpfeil hat den besten aller Götter niedergestreckt. Óðinn ist aus gleich zwei Gründen schmerzerfüllt; nicht nur ist sein Sohn tot, sondern er weiß auch, dass dieses Sterben ein klares Vorzeichen der *ragnarök* ist.

Frigg verspricht jede Gunst, die sie zu vergeben hat, für den, der zur Hel reitet und Baldrs Rückkehr aushandelt, und ein Mann namens Hermóðr springt auf Sleipnirs Rücken und bricht auf. Man bereitet Baldrs Bestattung vor; seine Leiche wird an den Strand gebracht und auf sein Schiff gelegt. Aber das Schiff will nicht über die Rollhölzer ins Meer gleiten, ehe eine Riesin namens Hyrrokin auftaucht, die auf einem Wolf reitet und Schlangen als Zügel benutzt. Mit einem einzigen Schubs – so kräftig, dass Funken fliegen und das ganze Land zittert – bringt Hyrrokin das Schiff zu Wasser; trotz dieser Hilfe entkommt sie nur knapp der Eliminierung durch Þórr. Über all dem stirbt Nanna vor Schmerz und ihre Leiche wird neben Baldr auf den Holzstoß gelegt. Flammen hüllen die beiden Körper ein, beobachtet von allen Wesen, die sich Baldr zu Ehren versammelt haben. Ein unglücklicher Zwerg, Litr, gerät Þórr unter die Füße, als der Gott vortritt, um den Holzstoß zu weihen, und wird mitten ins Feuer hineingetreten.

Mutig bahnte sich Hermóðr seinen Weg zur Hel und fand ihre Herrscherin nicht völlig abgeneigt, den Wunsch der Götter zu erfüllen.

Nachfolgende Doppelseite: Ein Totenschiff der Wikinger wird angezündet und aufs Meer hinausgeschoben. Frank Dicksee (1893).

Schiffsbestattungen der Wikingerzeit

Hochgestellte Männer und Frauen wurden in der Wikingerzeit häufig in Schiffen beigesetzt, vielleicht als Symbol für die Reise, die die Toten in die Anderswelt antreten mussten. Das in der Einleitung beschriebene Oseberg-Schiff ist nur einer von zahlreichen archäologischen Funden. In Britannien wurde der angelsächsische König des 7. Jahrhunderts, der in Sutton Hoo bestattet wurde, ebenfalls auf einem Schiff begraben (von dem allerdings nichts außer den Nieten überdauert hat), ein Beweis, dass es sich nicht um eine allein in der Wikingerzeit verbreitete Sitte handelte. Im 9. Jahrhundert traf ein arabischer Reisender, Ibn Fadlan, an der Wolga einige Wikingerkrieger der Rus. Ihr Häuptling war gerade gestorben und Ibn Fadlan berichtet genau über die Bestattungsriten. Für eine ausführliche Beschreibung ist hier kein Platz, aber auf dem Höhepunkt der Zeremonie wird das Schiff des Häuptlings, auf dem seine Leiche liegt, mit einer brennenden Fackel in Brand gesetzt, die der nächste Verwandte des Toten trägt. Splitternackt umkreist dieser Mann im Rückwärtsgang das Schiff, wobei er mit einer Hand seinen Anus zuhält. Und so viel Holz, sagt Ibn Fadlan, sei rund um das Schiff aufgeschichtet worden und ein derart frischer Wind habe sich erhoben, dass binnen einer Stunde alles samt Schiff und Häuptling zu Asche verbrannt sei.

Schon waren Baldr und Nanna in der Halle eingetroffen und Baldr hatte sogar den Platz auf dem Hochsitz. Damit Baldr in die Welt der Lebenden zurückkehren durfte, verlangte Hel, dass alle Dinge um ihn weinen sollten, und mit dieser Nachricht kehrte Hermóðr zurück. Rasch machten die Æsir mobil, als sie Hels Bedingungen hörten, und in die ganze Welt wurden Boten ausgeschickt. Sie hatten großen Erfolg und brachten alles dazu, um Baldr zu weinen – sogar die Metalle (die seitdem mit Feuchtigkeit beschlagen, berichtet uns Snorri). Doch in einer Höhle fanden sie eine Riesin, die den ironischen Namen Þökk („Dank") trug. Auf die Bitte, um Baldr zu weinen, entgegnete sie:

Weinen wird Þökk
trockene Tränen
um Baldrs Beisetzung.
Lebend oder tot,
keines Mannes Sohn macht mir Freude:
soll Hel behalten, was sie hat.
Gylfis Täuschung, Kap. 49

Und es besteht der starke Verdacht, dass diese unkooperative Riesin niemand anderes als Loki war.

Rindrs Vergewaltigung

Wie Óðinn wusste, musste der Rächer für Baldr von Rindr, einer menschlichen Prinzessin, geboren werden. Für ihre Schwangerschaft zu sorgen, ist keine ganz einfache Aufgabe. Rindr widersetzt sich den Annäherungsversuchen des hässlichen alten Gottes; zwar findet er durch Schmeichelei seinen Weg ins Gefolge ihres Vaters, wo er als sehr erfolgreicher Feldherr tätig ist, aber sein erster Kussversuch bringt ihm nur einen Schlag ins Gesicht ein. Als Nächstes wird er ein Metallarbeiter und bringt Rindr wunderschön gearbeitete Armreifen, aber damit ist er auch nicht erfolgreicher und die Folge ist ein weiterer Schlag. Am Ende behext Óðinn sie und treibt sie durch Runen in den Wahnsinn. Dann verkleidet er sich als alte Frau und gibt vor, eine Heilerin zu sein. Er verschreibt ihr einen furchtbar bitteren Trank, der so ekelhaft ist, dass man Rindr ans Bett fesseln muss, damit sie nicht anders kann, als ihn zu schlucken. Mit der Patientin allein gelassen, vergewaltigt die angebliche Heilerin das unglückliche Mädchen. Die anderen Götter, so berichtet die Geschichte (die uns Saxo Grammaticus erzählt), waren von diesem Verhalten so abgestoßen, dass sie Óðinn verbannten. Rindr aber wurde schwanger und gebar Váli.

Baldrs Tod hatte ein zweifaches Nachspiel. Von der toten Seherin hatte Óðinn erfahren, dass nur *ein* Mann Baldr rächen konnte, und der war noch nicht geboren.

Der kleine Váli war wirklich ein Wunderkind; wie Helgi war er schon kampfbereit, als er erst eine Nacht alt war, sagt die *Weissagung der Seherin:*

Er wusch sich nie die Hände
und kämmte sich nie das Haar,
ehe er Baldrs Widersacher
auf den Holzstoß gebracht hatte.
Weissagung der Seherin, Str. 33

Aber es ist der arme blinde Bruder Höðr, „der Mörder durch die Hand", – nicht Loki, „der Mörder durch den Plan", der Hintermann des Mordes –, den Váli tötet. Denn Lokis Schicksal ist anders bestimmt.

Warum muss Baldr sterben? Oft hat man ihn mit anderen Götter verglichen, die durch einen schrecklichen Unfall oder eine Verschwörung umkommen. Auch Gestalten im Nahen Osten der Antike wie Osiris in Ägypten oder Attis, der Geliebte von Kybele, sterben; der Kontext ihrer Mythen legt nahe, dass dies in einem Zyklus der Jahreszeiten geschieht und mit dem Frühling Wiederauferstehung kommt. Isis gelingt es, ihren Bruder/Geliebten Osiris wieder zusammenzusetzen, so wie jedes Jahr der Nil anschwillt, um das Land zu befruchten, und auch Attis wird alljährlich wiedergeboren. Aber Baldrs Wiedererweckung scheitert (zumindest vorläufig). Daher wirkt ein Fruchtbarkeitsaspekt für diesen Mythos unwahrscheinlich.

Vielleicht ist Baldr ein Opfer; jedenfalls verträgt sich das Durchbohrtwerden durch ein Geschoss mit einem Opfer an Óðinn. Doch aus Baldrs Tod scheint kein Vorteil zu erwachsen; wenn er ein Opfer ist, dann wohl ein sinnloses (anders als Óðinns Selbstopfer mit dem Zweck, das Geheimnis der Runen zu erlangen). Der Mythos spricht das Grauen eines Konflikts innerhalb von Verwandtschaften an; durch den Tod des Täters kann keine erfolgreiche Rache genommen werden, denn Vális Rache an Höðr vernichtet ja nur einen weiteren Sohn Óðinns. Und wer soll Rache für Höðr nehmen? In dieser Hinsicht hat Óðinn das Glück, neue Söhne zeugen zu können, als Ersatz für die gestorbenen. Aber so austauschbar sind Söhne, wie der Mythos gesteht, nun doch nicht; Váli kann Baldrs Stelle im Grunde nicht einnehmen.

Lokis Fesselung

Auf den Bericht, wie vergebens versucht wurde, Baldr aus der Hel herauszuweinen, lässt Snorri die rasche Verfolgung, Gefangennahme und Fesselung Lokis durch die Götter folgen. Laut der Überlieferung der Gedichte folgt Lokis Fesselung auf seinen endgültigen Bruch mit den anderen Göttern. Erinnern Sie sich an das Gastmahl in Ægirs Halle – das, zu dem Hymirs extra riesiger Kessel nötig war? Alle Götter und Göttinnen waren da, ausgenommen Þórr, der wie üblich im Osten unterwegs war und Riesen erschlug, und Loki, der eine *Persona non grata* war. Doch eiskalt stellt er sich nun in die Halle und verlangt einen Sitzplatz und etwas zu trinken. Bragi, der Gott der Dichtung, will ihn schon abweisen, als aber Loki sich auf die Blutsbruderschaft zwischen ihm und Óðinn beruft und den Gott daran erinnert, dass er geschworen hat, nie zu trinken, es sei denn, auch Loki werde etwas zu trinken angeboten, da verfügt Óðinn, dass der „Vater des Wolfes" eingelassen werden muss.

Im Gedicht *Lokis Streit*, das diese Geschichte erzählt, beginnt Loki nun reihum die einzelnen Götter systematisch zu beleidigen. Das Schema ist ziemlich monoton; Loki beleidigt Gott A, Gott A antwortet, Loki gibt zurück und Gott B spricht zur Verteidigung von A, was nur dazu führt, dass er die Zielscheibe von Lokis giftigen Worten wird. Die Götter müssen sich eine große Auswahl Verleumdungen anhören: Óðinn habe *seiðr* praktiziert (siehe Kapitel 2) und sei ein Eidbrecher; andere Götter werden Feiglinge genannt oder sollen auf verschiedene Arten entehrt worden sein. Njörðr wird vorgeworfen, er habe sich von Hymirs Töchtern (Riesinnen, die hier wahrscheinlich für Flüsse ste-

hen) in den Mund pissen lassen, denn schließlich fließen die Flüsse ins Meer, und habe seine Kinder mit seiner Schwester gezeugt. Den Göttinnen wird ein Sexualleben mit zahlreichen Partnern nachgesagt, darunter häufig Loki selbst, oder aber sie werden wie Skaði an Lokis Rolle beim Tod ihres Verwandten erinnert. Frigg zieht er mit dem Verlust von Baldr auf und Freyja damit, sie habe mit jedem Mann in der Halle geschlafen, einschließlich ihres eigenen Bruders. Sogar Þórrs Frau Sif muss sich anhören, sie habe mit Loki geschlafen, und da fragen wir uns doch, wie genau Loki Sifs wundervolle goldenen Haare stehlen konnte ... Schließlich trifft Þórr ein und setzt Lokis Giftigkeiten mit dem üblichen Gebrüll und mit wüsten Drohungen ein Ende – das verhindert aber nicht ein paar wohlgezielte Bemerkungen über Þórrs Benehmen während des Skrymir-Abenteuers (siehe Kapitel 3). Und dann geht Loki ab:

> Nur deinetwegen werde ich hinausgehen,
> denn ich weiß, dass du zuschlägst.
> *Lokis Streit, Str. 64, Z. 4–6*

Vielleicht ist das ein Seitenhieb auf den Baumeister und den Eidbruch, die am Anfang von Ásgarðrs neuen Mauern standen, vielleicht auch nur ein bedauerndes Eingeständnis, welche Risiken dazugehören, wenn man Þórr verärgert. Soweit wir aus anderen Quellen entnehmen können, ist der Großteil von Lokis Behauptung wahr, obwohl er Týrs Opfer der eigenen Hand in ein schlechtes Licht rückt und ebenso Freyrs Bereitschaft, Skírnir sein Schwert zu geben, um dadurch Gerðr zu gewinnen. *Lokis Streit* ist ein sehr witziges Gedicht, aber sein Humor ist mit Schrecken gemischt, sowohl über Lokis Unverschämtheit wie über das, was dieser über die Götter enthüllt. Ist das Gedicht eine ernst gemeinte Kritik an den heidnischen Gottheiten – vielleicht von einem Christen geschaffen, der sie als Heuchler und Feiglinge bloßstellen will? Oder stammt es von jemandem, der in seinem Glauben si-

Loki, mit merkwürdigen Hörnern, ist nach seiner Gefangennahme durch Þórr gefesselt. Stein von Kirkby Stephen in Cumbria (8. Jahrhundert).

cher war und vorführen wollte, dass die Götter von uns grundverschieden sind – und dass sich die Erfüllung ihrer göttlichen Aufgaben nicht im Rahmen menschlicher Ethik verstehen lässt? Sehr wahrscheinlich hat man *Lokis Streit* zu verschiedenen Zeiten ganz unterschiedlich verstanden; viel hängt davon ab, welche Nuance der Rezitator dem Gedicht gibt. Aber wenn man es kennt, fällt es nicht schwer, sich vorzustellen, dass die Welt ohne dieses Gesocks vielleicht besser dran ist.

Loki entkommt den aufgebrachten Göttern, verwandelt sich in einen Lachs und versteckt sich in einem Wasserfall. Snorris Bericht von Lokis Gefangennahme schmückt das noch weiter aus. Loki baute sich ein Haus in den Bergen nahe am Wasserfall und lauerte tagsüber unter Wasser. Eines Abends begann er darüber nachzudenken, wie die Æsir ihn vielleicht in seiner Fischgestalt fangen könnten. So nahm er einen Faden aus Leinen und knüpfte daraus das erste Fischernetz. Da begriff er, dass Óðinn ihn von seinem Hochsitz Hliðskjálf aus gesehen haben musste und die Götter unterwegs zu seinem Versteck waren; rasch warf er das Netz ins Feuer und sprang ins Wasser. Der weiseste der Götter (hier wird Kvasir so genannt, aus dessen Blut der Dichtermet entstand) sah das Muster, das das Netz in der Asche hinterlassen hatte, und erriet, welchen Zweck es haben musste. Rasch bauten die Götter das Gebilde nach, und obwohl Loki als Lachs darüber hinwegsprang, wurde er zuletzt mitten im Sprung von Þórr gepackt, der in den Fluss hineingewatet war. Zwar glitschte Loki Þórr durch die Hände, so schnell er konnte, doch sein Schwanz blieb in der Faust des Gottes hängen; das erklärt, wieso Lachse sich zum Schwanz hin so stark verjüngen und warum sie aus dem Wasser springen, wenn sie stromauf schwimmen.

Jetzt ist Loki in großer Gefahr; er hat sich den Göttern nicht unter vereinbarten Bedingungen ausgeliefert, sondern ist ihr bedingungsloser Gefangener. Die Götter nehmen drei große flache Steine, stellen sie auf die Kante und bohren in jede Steinplatte ein Loch. Lokis Söhne werden ergriffen und in Wölfe verwandelt; Nari reißt seinen Bruder Narfi in Stücke und mit Narfis Därmen binden die Götter seinen Vater an den Stein. Durch Zauberei verwandeln sich die Eingeweide in ei-

Lokis Frau Sigyn hält die Schale hin, um das Gift aus der Schlange aufzufangen, die Skaði über ihn gehängt hat. Mårten Eskil Winge (1890).

serne Fesseln; als krönenden Abschluss hängt Skaði eine Giftschlange über Lokis Gesicht auf, der das Gift aus den Zähnen tropft. Und seitdem steht Lokis Frau Sigyn neben ihrem Mann und hält ein Becken hin, um das Gift aufzufangen. Ab und zu muss er sich wegdrehen und das Becken ausleeren, und wenn dann das Gift auf Lokis Gesicht fällt, zerrt er schrecklich an seinen Fesseln – so entstehen die Erdbeben.

Der endgültige Bruch zwischen Loki und den Æsir wirft einige interessante Fragen auf. Die übliche Vorgehensweise Lokis bestand ja darin, eine ambivalente Rolle zu spielen und sich gelegentlich auf die Seite der Riesen zu schlagen, aber auch den Göttern bei der Wiedergewinnung verlorener Gegenstände zu helfen, und eine besondere Rolle spielte er als Þórrs Sidekick. Warum jetzt dieser Wandel? Eine Erklärung verknüpft Lokis Verhalten mit den verschiedenen Weissagungen über die *ragnarök*. So wie Fenrir erst einmal gefesselt werden muss, wenn er an jenem letzten Tag seine Fesseln sprengen und die Götter angreifen soll, so muss auch Loki gebunden sein, wenn er seine Bande zerreißen und die Riesen gegen seine einstigen Gefährten führen soll. Und deshalb muss er die Götter dazu bringen, ihn zu fesseln, durch die doppelte Provokation, Baldrs Tod herbeizuführen und in *Lokis Streit* eine Bravourarie aus Beleidigungen auszustoßen. Wenn Baldrs Tod ein Vorzeichen der *ragnarök* ist, dann muss Baldr unbedingt sterben und Loki unbedingt gefesselt werden. Das wiederum setzt eine chronologische Kohärenz innerhalb jener Erzählungen voraus, die aus einem einst zweifellos riesigen Corpus verschiedener Mythen überlebt haben, die ihrerseits aus unterschiedlichen Teilen der nordischsprachigen Welt stammten. Aber selbst wenn der Gedanke, Loki hätte einen Masterplan, den Glauben auf eine harte Probe stellt, so herrscht doch ein starker Eindruck, dass das Schicksal der Götter bereits besiegelt ist, dass trotz Óðinns Bemühungen, zu entdecken, ob die geweissagte Zukunft abgewandelt oder verhindert werden kann, das Ende schon festgeschrieben ist. Wie erwähnt, ist es ebenfalls vielsagend, dass Snorri einen von Lokis Söhnen (nämlich den brudermordenden Wolf) unter dem Namen Váli kennt, den er mit Óðinns frisch gezeugtem Sohn teilt, welcher seinen Halbbruder Höðr aus Rache für seinen anderen Halbbruder Baldr tötet. Die Themen des Brudermordes, der Rache, der apokalyptischen Tiere Wolf und Schlange, durchziehen diese beiden Geschichten auf eine Art, die die tiefe Verbindung zwischen den beiden Göttern Óðinn und Loki herausstreicht.

Vorzeichen der letzten Zeiten

Erst kommt der Große Winter, der *fimbulvetr.* Drei Winter gehen ineinander über; Schnee aus allen Richtungen in schneidenden Winden und unter scharfem Frost. Es folgen soziale Auflösungserscheinungen:

> Bruder wird gegen Bruder kämpfen und sein Mörder sein,
> Schwestersöhne werden das Band der Verwandtschaft zerreißen;
> hart ist es in der Welt, die Hurerei nimmt überhand,
> Axtzeit, Schwertzeit, Schilde werden gespalten,
> Windzeit, Wolfszeit, ehe die Welt in die Tiefe stürzt;
> kein Mann wird den anderen verschonen.
> *Weissagung der Seherin, Str. 45*

Strafen für Sünder – ein christliches Konzept?

Nahe einem Ort namens Leichenstrand sieht die Seherin einen trüben und reißenden Fluss, durch den die waten, die falsche Eide schwören, gemordet und die Frauen anderer Männer verführt haben. Ein anderer Fluss namens Furchterregend fließt aus dem Osten; er ist voller Äxte und Messer. Dass es im Jenseits Bestrafungen für menschliche Sünder gibt, ist ein Gedanke, der sich in den nordischen Mythen anderswo nicht findet; die Aufnahme dieser Qualen deutet auf christlichen Einfluss hin. Da die im *Codex Regius* enthaltene Version des Gedichts vielleicht in der Zeit entstand, als sich Norwegen zum Christentum bekehrte (1000 n. Chr.), ist das nicht ausgeschlossen.

Der Große Wolf

Eine furchterregende Beschreibung des Riesenwolfes Managarm („Garmr" oder „Hund des Mondes") findet sich in Alan Garners 1960 erschienenem Roman *Der Zauberstein von Brisingamen* (*The Weirdstone of Brisingamen*). In diesem Buch verwendet Garner eine ganze Menge altnordischer Mythen; auf seinem Höhepunkt wird ein dunkler, furchtbarer Zauber entfesselt:

Aus dem Norden raste eine Wolke heran, tiefer hängend als jede, die die Sonne verdunkelte, und schwarz. Ungeheuerlich war sie und der Gestalt nach ein reißender Wolf. Seine Lenden hingen tiefer als der Horizont und sein magerer Leib spannte sich über den Himmel, hin zu pochenden Schultern und einem Kopf mit aufgerissenen Kiefern, der schon jetzt über dem anderen Ende des Tales hing. (...) Der ganze Himmel im Norden und Osten war Wolfskopf. Noch weiter gähnte das Maul, bis nichts mehr zu sehen war als der schwarze, höhlenartige Rachen, der niederstieß, um Berg und Tal in einem Stück zu verschlingen.

Alan Garner, *The Weirdstone of Brisingamen*. London 2010, S. 283, Zitat übersetzt von J. Fündling

Zum Glück vertreibt die Magie des Zaubersteins diesen Schrecken, und die Welt ist gerettet.

Die Welt treibt dem Chaos entgegen. Ehe die Menschheit in den Bürgerkrieg stürzt, beschwört die Seherin noch weitere Anzeichen für die Endzeit.

Tief im Galgenwald kräht ein Hahn mit rußigrotem Gefieder. Ein weiterer ist im Eisenwald zu vernehmen, wo eine Trollfrau Fenrirs Brut nährt: die Wölfe, die Sonne und Mond verfolgen. Diese unheimlichen Missklänge des Endes werden ergänzt durch das Heulen des großen Hundes Garmr (vielleicht ein Doppelgänger Fenrirs, vielleicht

Die Götter rüsten sich zur *ragnarök*. Die Zeichnung von W. G. Collingwood (1908) ist Reliefs der Wikingerzeit nachempfunden.

auch ein ganz eigenes ungeheures Tier, eine Art Höllen- oder Hel-Hund). Jetzt kommt der schreckliche Moment, da beide Himmelskörper vom klaffenden Rachen der Bestien verschlungen werden, die sie schon so lange hetzen, und die Welt ins Dunkel stürzt.

Jetzt fängt Yggdrasill Feuer. Die riesige Esche wankt und Heimdallr bläst Alarm, indem er in sein riesiges Gjallarhorn stößt. Óðinn berät sich in seiner Not mit Mímirs Kopf, aber es ist zu spät, aus dieser Richtung auf Rat zu hoffen. Die Berge erzittern, was die Zwerge ins Freie treibt, wo sie stöhnend vor ihren Steintüren stehen. Trollfrauen ziehen über die Straßen; die Menschen wissen nicht, was sie tun sollen. Die *Einherjar* reiten in jene Schlacht aus, für die sie all die Jahrtausende trainiert haben, aber – so hat es der Drache Fáfnir in seinen letzten Momenten Sigurðr prophezeit – während sie und die Götter nach Óskópnir („noch ungeschaffen") ziehen, von der Insel weg, wo die letzte Schlacht stattfindet, stürzt die Regenbogenbrücke Bifröst ein und ihre Pferde verenden im Fluss. Der Sieg ist ihnen entrissen.

In jeder Himmelsrichtung werden die Mächte des Grauens entfesselt. Von Süden kommt der Feuerriese Surtr mit einem gewaltigen Schwert, auf dem sich unerträglich hell die Sonne spiegelt. Das finstere Leichenschiff Naglfari, gebaut aus den Fingernägeln toter Männer, segelt aus dem Osten heran, von Feuerriesen bemannt; sein Steuermann ist Loki und er bringt feurige Vernichtung über die Welten der Götter und der Menschen. Ebenfalls aus dem Osten rückt Hrymr heran, ein weiterer Anführer der Frostriesen, und im Ozean peitschen die gewaltigen Ringe der Miðgarðschlange. Und endlich hat auch Fenrir die seidene Fessel zerrissen, die ihn lange Zeitalter gefangen hielt, und streunt frei herum.

Die letzte Schlacht und der Tod der Götter

Jetzt kommt es zu der seit Langem geweissagten Serie von Einzelkämpfen. Mutig geht Óðinn dem Wolf entgegen, aber der Speergott stellt fest, dass ihm Gungnir nichts hilft, und Fenrir schlingt ihn in einem riesigen Haps hinunter. Frigg weint, da sie ihren Gatten sterben sieht; „Friggs innig geliebten" nennt das Gedicht ihn und vergleicht seinen Tod mit dem von Baldr als „Friggs zweites Leid". Die Göttinnen trauern am Rand des Geschehens, während die Götter ihre Schilde gegen ihre Todfeinde fester packen. Als Nächster ist Þórr dran, der abermals seinem alten Feind, der Miðgarðschlange, begegnet. Zwar bringt der Gott die Riesenschlange zu Fall, doch er kann nur neun Schritte von dem Kadaver wegtaumeln, dann fällt auch er, überwältigt von der Kraft und dem Gifthauch der Schlange.

Snorri setzt einige Details hinzu, die aus anderer Quelle nicht bekannt sind; sie können ebenso gut aus der Tradition stammen wie das Ergebnis seines eigenen Sinns für Struktur sein. Freyr kämpft gegen Surtr, und jetzt bereut er gewiss, wie Loki geweissagt hat, dass ihm das Schwert fehlt, das er für das Riesenmädchen Gerðr weggegeben hat. Der gewaltige Hund Garmr, dessen furchtbares Heulen die *ragnarök* ankündigte, bringt Týr zu Fall; die Vorgeschichte dieses Gottes mit Fenrir lässt den Verdacht aufkommen, dass Garm wirklich identisch mit Fenrir ist und dass der Wolf noch ein Wörtchen mit dem Gott zu reden hat, dessen Hand er einst abbiss. Heimdallr und Loki streiten gegeneinander, nicht zum ersten Mal, und erschlagen sich gegenseitig.

Sleipnir strauchelt, als Fenrir Óðinn anspringt.
Dorothy Hardy (1909).

Heimdallr und Loki im Konflikt

Der Tradition zufolge haben Heimdallr und Loki schon einmal gegeneinander gekämpft. Bei dieser Gelegenheit kämpften sie im Meer auf einer Schäre namens Singasteinn, und zwar beide in Gestalt von Seehunden. Der Zankapfel war der Besitz von Freyjas großem Halsreif, dem *Brisinga men*, der irgendwie Loki in die Hände gefallen war. Heimdallr gewinnt den Kampf und gibt den kostbaren Schmuck der Göttin zurück; wahrscheinlich ist das eine Abwandlung der Geschichte von Lokis Diebstahl, die in Kapitel 2 erzählt ist.

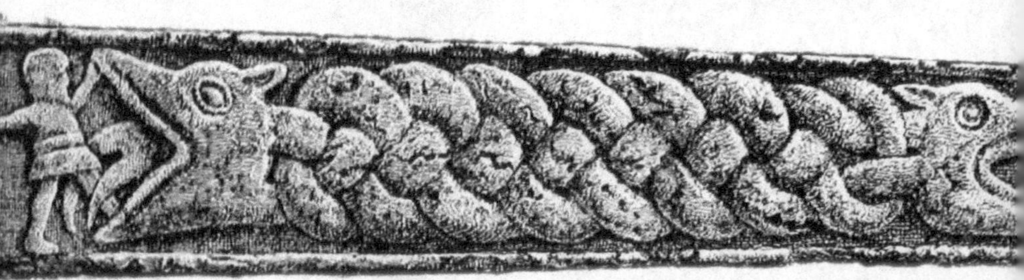

Víðarr steigt Fenrir in den Rachen.
Bild auf dem Gosforth Cross
(frühes 10. Jahrhundert) in Cumbria.

Einige Vorteile erkämpfen sich die Götter aber doch gegen die Monster. Óðinns Sohn Víðarr springt Fenrir in den Rachen; vor den Wolfszähnen schützen die Schuhe mit den dicken Sohlen, die er immer trägt, seine Füße. Jedes Mal, wenn jemand von den Zehen oder der Ferse ein Stück Sohle wegschneidet, teilt uns Snorri in einer Randbemerkung mit, ist das ein Beitrag zu Víðarrs Schuhwerk. Mit einer Hand packt er jetzt den Oberkiefer des Wolfs und reißt ihn auseinander. Dieses Bild, der Tod des Vaters und wie der Sohn ihn rächt, ist ein Lieblingsmotiv für Bildhauer der Wikingerzeit.

Jetzt setzt das Feuer des Riesen Surtr die ganze Welt in Brand und der Vorgang, durch den die Erde am Anfang der *Weissagung der Seherin* geschaffen wurde (wie in Kapitel 2 berichtet), verkehrt sich ins Gegenteil:

> Die Sonne wird schwarz, das Land sinkt ins Meer;
> die hellen Sterne verschwinden vom Himmel;
> Dampf steigt auf in den Brand;
> heiße Flamme züngelt auf bis zum Himmel selbst.
> *Weissagung der Seherin, Str. 57*

Dass die Sonne schon von jenem Wolf verschlungen worden ist, der sie seit Äonen gejagt hat, zeigt, wie die Gedichte und Snorris Prosaversion verschiedene Varianten in kohärente Erzählungen zusammenzufassen suchen. Die Dunkelheit, die nur von den züngelnden Flammen durchbrochen wird, bringt das Ende der Welt.

Ein Vulkanausbruch?

Weil die *Weissagung der Seherin* in die Zeit um 1000 datiert ist, ein ganzes Stück nach der Landnahme auf Island, ist ins Gespräch gebracht worden, die darin enthaltene Beschreibung der *ragnarök* spiegle die vulkanische Beschaffenheit der Insel wieder. In der oben zitierten Strophe lassen sich die Kennzeichen eines Vulkanausbruchs – hochschießende Flammen, die Dunkelheit, während die Aschenwolke die Sonne verfinstert, das Verschwinden des Landes unter rot glühenden Lavaströmen und das Zischen, wenn sie auf das Meer treffen und zu schwarzem Gestein erstarren – durchaus aus der Vision des Gedichtes vom Ende der Welt herauslesen.

Wiedergeburt

Das Ende der Welt, während die See über das Land flutet und feurige Vernichtung auf eine Erde niederregnet, deren Götter, Menschen und sogar Riesen zugrunde gegangen sind, markiert das Ende der Zeit in der christlichen Tradition. Nicht aber in anderen Mythologien; viele dieser Systeme stellen sich Zeit und Raum als zyklisch vor und glauben, dass, wenn die verdorbene alte Welt weggefegt worden ist, eine neue entsteht und ihren Platz einnimmt. Denn zwar bedeutet der Ausdruck *ragnarök* in der eddischen Dichtung so viel wie „Verhängnis der Mächte", aber Snorri gebraucht ein etwas abweichendes Wort, nämlich *rökkr*, was so viel heißt wie „Dämmerung" oder „Lichtschimmer" – deshalb Wagners Vorstellung vom Ende seiner Heldenwelt als „Götterdämmerung". Ebenso könnte *rökkr* auch „Zwielicht vor der Dämmerung" bedeuten und damit einen neuen, strahlenden Tag einleiten.

Und genau das finden wir tatsächlich in der Dichtung und in Snorris daraus abgeleitetem Bericht. Denn die Seherin, deren Vision die *Weissagung der Seherin* darstellt, blickt über das Ende der Welt hinaus und

sie sieht, ein zweites Mal aufsteigend,
Erde aus dem Ozean, ewig grün;
die Wasserfälle stürzen, ein Adler kreist über ihnen,
über den Berg auf der Jagd nach Fisch.

Die Æsir finden einander auf Iðavellir
und sprechen miteinander über die mächtige Erdumschlingerin
und Fimbultyrs alte Runen.

Dort werden im Gras sich wiederfinden
die wunderbaren goldenen Spielsteine,
die sie besaßen in vergangenen Tagen.
Weissagung der Seherin, Str. 59–61

Nach der Wiedergeburt der Erde fliegt ein Adler auf der Jagd nach Fischen an einem Wasserfall vorbei. Emil Doepler (1905).

Denn einige Æsir werden wiederkehren. Faszinierend ist, dass Hœnir zurückkommt, jener geheimnisvolle Dritte, der in vielen wichtigen Momenten der Vergangenheit an Óðinns Seite ging. Und wundersamerweise kehren auch der ahnungslose Totschläger und das Opfer, Höðr und Baldr, von der anderen Seite des Todes zurück (das, vermuten wir, ist das Geheimnis, das Óðinn auf dem Scheiterhaufen seinem toten Sohn ins Ohr flüsterte). Ein neues goldenes Zeitalter kündigt sich an: die Felder geben ihre Früchte her, ohne dass gesät worden ist, alle Übel sind geheilt, und die goldenen Spielsteine, die so vielsagend auf die frühere Zeit der Unschuld verweisen, finden sich auf der Ebene wieder. Mit der Benommenheit der Überlebenden einer großen Katastrophe denken die neuen Æsir an die Miðgarðschlange und die Runen, die Óðinn für sie gewonnen hat.

Auch der Riese Vafþrúðnir hatte damals in der Alten Welt in seinem Weisheitsstreit mit Óðinn die Erneuerung vorausgesehen, die der Katastrophe folgen würde, und dem besorgten Gott enthüllt, dass einige Menschen mit den verheißungsvollen Namen Líf und Lífþrasir („Leben“ und vielleicht „Lebensstoßer(in)“, womöglich Mann und Frau) überleben, indem sie sich in Hoddmímirs Wald verstecken (vielleicht ist das Yggdrasill, wenn man bedenkt, wie nahe die riesige Esche an Mímirs Quelle steht). Auch die Sonne hat, bevor Fenrir sie verschlang, eine Tochter geboren, die dem Weg ihrer Mutter folgen wird. Vafþrúðnir nennt noch weitere Æsir, die die neue Generation der

Der Jelling-Stein, ein dänischer Bildstein des 10. Jahrhunderts, den König Harald Blauzahn in Auftrag gab. Er zeigt den gekreuzigten Christus im Stil eines traditionellen Runensteins.

Ein neuer Gott?

Eine Variante der *Weissagung der Seherin*, die im frühen 14. Jahrhundert niedergeschrieben wurde, enthält an der Stelle, wo die neue Göttergeneration nach dem Neuanfang der Welt in die golden gedeckte Halle Gimlé einzieht, einen zusätzlichen Vers:

Dann kommt der Mächtige zum Gericht über die Mächte,
voller Kraft, aus der Höhe, der über alles herrscht.

Wer kann dieser Mächtige sein, der zur wiederhergestellten Versammlung der Götter erscheint? Ist das Jesus, der zum Jüngsten Gericht wiederkehrt, sich anschickt, dem heidnischen Pantheon anzukündigen, seine Zeit sei abgelaufen, und verkündet, dass die neue Religion bleiben wird? So ähnlich interpretierte es J. R. R. Tolkien im Prolog zu seiner frühen Nachdichtung der *Völsunga saga*.

Götter bilden werden: Víðarr, Rächer seines Vaters Óðinn; Váli, Rächer seines Bruders Baldr; Móði und Magni, die Söhne Þórrs, die Mjöllnir, die Waffe ihres Vaters, schwingen werden. Vafþrúðnirs Vision ist nicht so optimistisch wie die der Seherin; die Rückkehr der Söhne von Óðinn und Þórr deutet auf die Wiederaufnahme der alten Verhaltensmuster hin, auf Rache und Gewalt, die erneut ihren Platz fordern. Es fehlt der Akzent auf der Versöhnung, den wir in der *Weissagung der Seherin* finden, und kein Wort fällt über die beiden Opfer von Lokis furchtbarer Bosheit, Höðr und Baldr, die sich abfinden und ihre Bruderschaft erneuern.

Selbst in der neuen Welt, die die Seherin kommen sieht, und ungeachtet der wundersamen Rückkehr der verlorenen goldenen Spielsteine gibt es Anzeichen, dass abermals unentrinnbare Mechanismen am Werk sind, dass die Uhr der nächsten Erneuerung entgegentickt. Sobald Hœnir in Óðinns einstigem Gebiet Wohnung genommen hat, beginnt er „Holzstücke zur Weissagung“ zu schneiden; noch immer wirkt das Schicksal. Das Allerletzte, was die Seherin sieht, ehe sie in ihre Trance zurücksinkt, ist der Drache Níðhöggr, das Schlangenungeheuer, das Yggdrasill zusetzte, wie es mit Leichen unter den Schwingen durch den Himmel fliegt. Das scheint Unheil anzukündigen. Manche haben vorgeschlagen, dieses Detail markiere die Rückkehr der Seherin in die Jetztzeit ihrer Vision: während ihre Weissagung zu Ende gehe, sehe sie den Flug des Drachen in der Gegenwart. Andere haben sich gefragt, ob Níðhöggr in der neuen Welt eine positive Rolle zu spielen habe und die letzten Spuren des Endkampfs beseitige, indem er die Leichen wegträgt. Doch es gibt keinen zwingenden Grund zu der Annahme, dass die neue Welt nicht denselben Weg gehen wird wie die alte, dass sich Böses und Verderbnis nicht abermals zeigen werden (vielleicht durch andere Akteure als Loki und die mit ihm verbündeten Riesen), und dass *ragna rökkr*, das Dunkel vor der Dämmerung, sich im Kreislauf der Zeitalter wieder – und immer wieder – niedersenken wird.

Fortlebende Mythen

Zu der Zeit, als der „Mächtige" herabstieg, um die Macht zu übernehmen, also im frühen 14. Jahrhundert, war Island schon lange christlich. Doch die altnordischen Mythen und Legenden hallten weiter nach. Um diese Zeit entstanden einige neue Gedichte, die mythologische und Legendenmotive in traditionelle Formen brachten, das aber mit dem Zweck, neue Geschichten zu erzählen. In einem Gedicht des 14. Jahrhunderts wird ein Held von seiner bösen Stiefmutter dazu verflucht, die unerreichbare Jungfrau Menglöð zu umwerben. Zunächst besucht der junge Svipdagr den Grabhügel seiner toten Mutter, um einige Schutzzauber und guten Rat zu erhalten, dann reist er zu Menglöðs Burg. Ein feindseliger Riese, der sie bewacht, will ihn nicht einlassen, die beiden verstricken sich in eine lange Debatte, welche Aufgaben Svipdagr erfüllen soll, um Zutritt zu erhalten. Aber diese Aufgaben drehen sich hoffnungslos im Kreis; um die erste zu erfüllen, müsste Svipdagr die letzte schon gelöst haben. Die Lage scheint hoffnungslos, es sei denn – so erklärt sein Gesprächspartner – er hieße zufällig Svipdagr! Und augenblicklich öffnen sich die Tore, der Held tritt ein und die reizende Menglöð schließt ihn mit der Frage in die Arme, weshalb das so lange gedauert hat.

Manche Mythen und Legenden wurden in Balladen umgeformt und blieben Teil der volkstümlichen Phantasie. Zwar ist unwahrscheinlich, dass noch jemand an Óðinn und Þórr glaubte, aber für das Denken blieben die Götter und Helden nützlich, denn ihre Geschichten erinnerten die Menschen daran, wie wichtig die Dichtung ist, die Klugheit und der Mut, dass man sich dem Bösen widersetzt und dem Tod ins Angesicht lacht. Sprachlich veränderte sich das Isländische im Lauf der Jahrhunderte nicht sehr stark und die in Sagas und Gedichten erhaltenen Mythen blieben weiter verständlich. Im 17. Jahrhundert wurden die Gedichte des *Codex Regius* gedruckt und ins Lateinische übersetzt; bald verbreitete sich ihre Kenntnis in großen Teilen Europas. Die ersten englischen Übersetzungen erschienen im 18. Jahrhundert (einige davon enthielten urkomische Fehler), und die Sagen und Legenden des Nordens wurden durch die Brüder Grimm und Richard Wagner in Deutschland sowie durch William Morris und J. R. R. Tolkien in England weiten Kreisen geläufig. Inzwischen – da es so beliebte Kulturphänomene gibt wie *Game of Thrones* (wo ständig der *fimbulvetr*, der Große Winter, droht) oder die Fernsehserie *Vikings*, deren Held genau jener Ragnarr Zottelhose ist, dem wir in Kapitel 5 begegnet sind – sind die skandinavischen Mythen und Legenden so wirksam lebendig, wie sie es nur je waren, seit das Christentum sie aus den Köpfen und den Herzen im Norden verdrängt hat.

Anhang

Zum Weiterlesen

Die Quellen der meisten in diesem Buch dargestellten Mythen sind in englischer oder deutscher Übersetzung relativ leicht zugänglich

Snorri Sturluson, *Edda* (übers. Anthony Faulkes). London ^{2}2008. Darin enthalten sind *Gylfis Täuschung* (*Gylfaginning*) und andere Geschichten mit mythologischen Charakter.

Deutschsprachig ist die dreibändige Übersetzung von Felix Niedner die letzte Gesamtausgabe: *Snorris Königsbuch* (*Heimskringla*). (3 Bde.) Jena 1922 (1–2), 1929 (3) (Ndr. Düsseldorf/Köln 1965). Angesichts der germanentümelnden bis „völkischen“ Ausrichtung der Verlagsreihe „Thule“ sind die dort enthaltenen Wiedergaben durchaus problematisch.

The Poetic Edda (übers. Carolyne Larrington). Oxford ^{2}2014. Die meisten in diesem Buch zitierten Gedichte erscheinen dort vollständig. Die Übersetzung der Textauszüge folgt der Version Larringtons.

Neuere deutsche Übersetzungen: Arthur Häny, *Edda. Götter- und Heldenlieder der Germanen*. Zürich 1987; 51995; Arnulf Krause (Übers.), *Die Götterlieder der Älteren Edda*. Stuttgart 2006.

Saxo Grammaticus. The History of the Danes (Hrsg. Hilda Ellis Davidson, Übers. Peter Fisher). Cambridge 1979.

Hans Jürgen Hube (Hrsg.), *Nordische Mythen und Geschichte: Gesta Danorum*. Wiesbaden 2013.

Eine Vielzahl isländischer Sagas mit mythologischen Bezügen ist mittlerweile in einer ausgezeichneten deutschen Ausgabe greifbar:

K. Böldl / A. Vollmer / J. Zernack / B. Wahl (Hrsg.), *Isländersagas*. Frankfurt a. M. 2011.

Weitere interessante und gut lesbare Bücher zur nordischen Mythologie sind unter anderem:

Chris Abram, *Myths of the Pagan North. Gods of the Norsemen.* London / New York 2011.
R. I. Page, *Norse Myths.* (The Legendary Past.) London 1990.
Heather O Donoghue, *From Asgard to Valhalla. The Remarkable History of the Norse Myths.* London 2007.
Rudolf Simek, *Religion und Mythologie der Germanen.* Darmstadt [2]2014.

Akademisch, aber faszinierend ist die Untersuchung der Mythen von:
Margaret Clunies Ross, *Prolonged Echoes. Volume 1: Old Norse Myths in Medieval Northern Society.* Odense 1994.

Eine sehr lebendige Darstellung zur Geschichte der Wikingerzeit bietet:
Anders Winroth, *The Age of the Vikings.* Princeton 2010.
[dt.: *Die Wikinger. Das Zeitalter des Nordens.* Stuttgart 2016]

Eher augenzwinkemd geschrieben ist:
John Haywood, *Viking. The Norse Warrior's (Unofficial) Manual.* London 2013. [dt.: *Wikinger. Das Handbuch des nordischen Kriegers.* Darmstadt 2014]

Eher akademisch im Ton schreibt:
Judith Jesch, *The Viking Diaspora.* London/New York 2015.

Ein faszinierender Überblick zur Archäologie in Skandinavien und zu ihrem Verhältnis zur Mythologie:
Anders Andrén, *Tracing Old Norse Cosmology: The World Tree, Middle Earth and the Sun in Archaeological Perspective.* Lund 2014.

Ebenfalls der Archäologie der Wikingerzeit widmet sich:
Neil Price, *The Viking Way. Religion and War in the Iron Age of Scandinavia.* Oxford [2]2016.

Näheres zum wohl bekanntesten modernen Interpreten der nordischen Überlieferung findet sich in:

J. R. R. Tolkien, *The Legend of Sigurd and Gudrún* (hrsg. Christopher Tolkien). London 2009. [dt. *Die Legende von Sigurd und Gudrún.* Stuttgart 2010]

Douglas A. Anderson (Hrsg.), *The Annotated Hobbit.* Boston/ New York ^{2}2003. [dt.: *Das große Hobbit-Buch. Der komplette Text mit Kommentaren und Bildern.* Stuttgart 2012]

Rudolf Simek, *Mittelerde. Tolkien und die germanische Mythologie.* München 2005.

Natürlich gibt es auch zahlreiche Nacherzählungen für Kinder von Autoren wie Roger Lancelyn Green und Barbara Leonie Picard. Die beste aus der großen Auswahl ist:

Kevin Crossley-Holland, *The Penguin Book of Norse Myths. Gods of the Vikings.* London 1996.

Jugendromane über halbgöttliche Helden von heute im Kreuzfeuer der mythologischen Mächte erscheinen von:

Rick Riordan, *Magnus Chase and the Gods of Asgard 1: The Sword of Summer.* New York 2016. [dt.: *Magnus Chase – Das Schwert des Sommers.* Hamburg 2016] 2: *The Hammer of Thor.* New York 2017. [dt.: *Magnus Chase – Der Hammer des Thor.* Hamburg 2017]

Eine faszinierende Romanserie, die auf der nordischen Mythologie beruht – die ersten beiden Titel für junge Erwachsene, der dritte für ein älteres Publikum – bildet:

Joanne Harris, *Runemarks.* London 2007
[dt. *Feuervolk.* München 2007; *Der leuchtende Stein.* München 2009]
– *Runelight.* London 2011.
– *The Gospel of Loki.* London 2014.

Zwei weitere Romane für junge Erwachsene, die auf den Heldensagen aufbauen:

Melvin Burgess, *Bloodtide.* London 1999.
[dt.: *Schlachten.* Hamburg 2000]
– *Bloodsong.* London 2005.

Textnachweis

Um sich der Interpretation der Autorin besser einzufügen, lehnt sich die deutsche Übersetzung an die von ihr ausgewählten englischen Übertragungen an. In fast allen Fällen handelt es sich bei diesen um ihre eigenen Übersetzungen, ausgenommen die Saxo-Zitate (diese folgen der Ausgabe von Davidson/Fischer 1979, s. o.).

Bildnachweis

Árni Magnússon Institute for Icelandic Studies, Reykjavík: 17, 18, 35, 42, 46, 48, 53, 55, 64, 71, 107, 109, 115, 132, 182; Bjorn Grotting/Alamy: 27; Bray, O., Sæmund's Edda, 1908 (The Viking Club): 38, 54, 98, 195, 211; British Museum, London: 1, 117, 185; Colum, P., The Children of Odin, 1920 (Macmillan): 131, 140; Dahn, F., Walhall: Germanische Götter- und Heldensagen, 1901 (Breitkopf und Härtel): 50, 142; DeAgostini/SuperStock: 112; Det Kongelige Bibliothek, Kopenhagen: 70; Det Kongelige Danske Kunstakademi, Kopenhagen: 196; Farwell Brown, A., In the Days of the Giants: A Book of Norse Tales, 1902 (Houghton, Mifflinand Co.): 45, 77, 119; Foster, M. H., Asgard Stories: Tales from Norse Mythology, 1901 (Silver, Burdett and Company): 58, Foto Berig: 189; Foto Blood of Ox: 57; Foto Carolyne Larrington: 73, 153, 156; Foto Fred Jones: 15; Foto Gernot Keller: 21; Foto Gerry Millar: 204; Fhoto Gilwellian: 181; Foto Jan Taylor: 74; Foto Researchers/Alamy: 111; Foto Sven Nilsson: 218; Foto Tristram Brelstaff: 84; Gerda Henkel Stiftung: 28; Gjellerup, K., Den ældre Eddas Gudesange, 1895 (Kopenhagen): 63, 72, 89, 91, 99, 108, 136; Granger, NYC/ Alamy: 83, 160; Grønbech, V., Nordiske Myter og Sagn, 1941 (Copenhagen): 97; Guerber, H. A., Myths of the Norsemen from the Eddas and Sagas, 1909 (London): 213; Herzog, R., Germaniens Götter, 1919 (Leipzig): 104; Illustration von Drazen Tomic: 12; Illustration by Dr Dayanna Knight: 152; Interfoto/Alamy: 36; Jamtli Historieland Östersund: 23; Johnston (Frances Benjamin) Collection/Library of Congress, Washington, D.C.: 67; Jónsson, F., Goðafræði Norðmanna og Íslendinga eftir heimildum, 1913 (Reykjavík): 214; J.M. Stenersen & Co, Snorre Sturlason - Heimskringla, 1899: 92; Karte von Martin Lubikowski, ML Design, London: 10, 11; Keary, A. & E., The Heroes of Asgard: Tales from Scandinavian Mythology, 1891 (Macmillan): 80; Magnus, O., A Description of the Northern Peoples, 1555 (Hakluyt Society): 26, 172; Manchester Art Gallery/Bridgeman Images: 198, 199; Manx Museum, Isle of Man/Werner Forman Archive: 2; Moesgaard Museum, Højbjerg/Dagli Orti/The Art Archive: 79; Nationalmuseet, Kopenhagen: 31, 33, 66; National Museum of Art, Stockholm: 41; Nationalmuseum, Stockholm: 207; Oldenbourg, M., Walhall, die Götterwelt der Germanen, 1905 (Berlin): 49, 60, 138, 217; Privatsammlung: 52; Richard Wagner Museum, Bayreuth/Dagli Orti/The Art Archive: 147; Rydberg, V., Our Fathers' Godsaga, 1911 (Berlin): 116; Sander, F., Poetic Edda, 1893 (Stockholm): 175; Statens Historiska Museet, Stockholm: 102, 145, 224; Treadwell, H. T. &Free, M., Reading-Literature Fourth Reader, 1913 (Chicago): 124; Universitetets Oldsaksamling, Oslo/Werner Forman Archive: 148, 150, 163, 222; Wagner, R., Siegfried & the Twilight of the Gods, 1911 (London): 159; Wagner, R., The Rhinegold and the Valkyrie, 1910 (Quarto): 103; Wägner, W., Nordisch-germanische Götter und Helden, 1882 (Leipzig): 93, 123; Werner Forman Archive: 30; Yolanda Perera Sanchez/Alamy: 178

Index

Kursiv gesetzte Seitenzahlen verweisen auf Abbildungen. Mit Þ beginnende Wörter werden im Anschluss an Z aufgeführt, auch ð erscheint nach z.